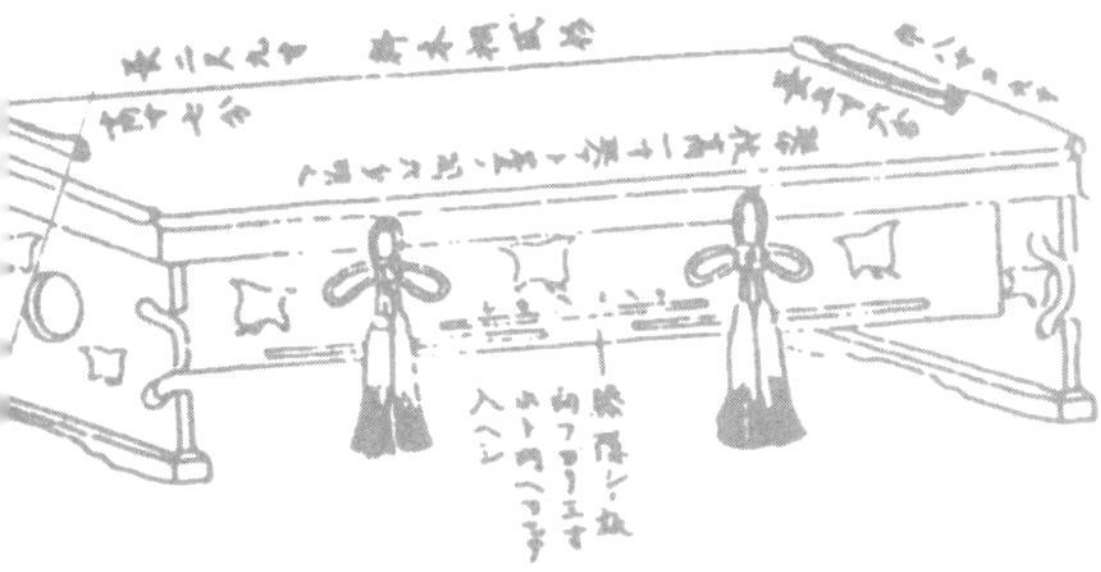

八雲琴の調べ

神話とその心

新装版

窪田英樹
Kubota Hideki

東方出版

はじめに

八雲琴《やくもごと》は、幕末に伊予で生まれた中山琴主《なかやまことぬし》が創案した神前楽器である。神に祈り仕える者たちによって、信仰を深める神器として、ひっそりと今日まで伝承されてきた。琴主は、出雲大社で神の啓示を受け、竹を切ってそれに二絃を張った。八雲琴の始まりである。

私は一求道者として出雲路の神社、大和路の古寺、名古屋や愛媛の地、大本教、金光教など八雲琴のゆかりの土地や人々を訪ねた。そこには、神々のおおらかで力強い世界と、神の愛に雄々しく生きる人々の喜びがあった。八雲琴の幽玄な音は、私の心の奥に潜み続けていた悲しみやこだわりを解いてくれ、生きる苦しみを超えさせてくれるはろばろとした世界を開示してくれた。

この書に紹介するのは、八雲琴の神秘な響きとともに、神に奉じ、神話ともいうべき神聖さで清澄な生活を送った中山琴主と、それを巡る人々の実録である。琴主の足取りと宗教音楽の世界を本書に著すことで、日本の神々が実生活の中に生き、敬神の心が日本の精神の源になっていることを問い直したい。

資料の扱いについて

一、引用した資料は原文を尊重し、そのままとした。ただし、明らかに誤りと思われるものについては改めた。

一、ルビは、すべて現代表記に改めた。

一、本文中の資料及び注の挿入は最小限にとどめ、各章の最後にまとめた。

目次

第一章　大阪の八雲琴

近藤武野の系譜

中山琴主（大阪）―亀田加豆美の妻女（大阪）―近藤梅子（大阪）―兼頼米蔵・秋里志米（大阪）―前田登代子・片岡八重甫（大阪）―近藤武野（大阪）

一、八雲琴について

八雲立つ出雲八重垣妻籠みに
　八重垣作るその八重垣を

これは『古事記』に記された歌で、須佐之男命《すさのおのみこと》が出雲国に須賀宮を造る時、雲が立ちのぼるのを歌ったものといわれる。八雲琴の創案者中山琴主は、この歌を口ずさみながら最初の曲をつくったことにちなんで琴の呼称にいただいた、と奏者の間で伝えられる。

中山琴主は享和三年（一八〇三）五月十五日、伊予国（愛媛県）宇摩《うま》郡天満村に生まれ、明治十三年九月十八日、七十七歳で没した。数え年十八歳で出雲国の天日隅宮《あめのひすみのみや》（出雲大社）に参拝した折、ご神意を得て八雲琴を創案したと伝えられる。どのような祈念があって参拝したのか。家業の医師を継がずに筝曲家の道へ進んだことは失明を推測させるが、明らかな事蹟は残されていない。

八雲琴は長さ一〇八センチ、幅一三センチで、胴はなまこ形をしている。古いものは、竹を二

中山琴主

つに割って作っていたと伝えられるが、桐、柏材が多い。胴は空洞で竜胴と呼ぶ。琴の頭部を琴頭《ことかみ》、尾部を琴尾《ことしり》といい、裏板の琴頭寄りに望月形、琴尾寄りに月弓形の響孔があって、琴台の上に載せて演奏する。

八雲琴は琴台の上に載せなければ、決して音は出ない。琴台の高さの空間と裏板の二つの響孔で、音が竜胴の中で生きるように作られている。

青と白の二本の絃は、絹糸を固くよりあわせたものである。

二絃は琴頭近くの絃乗《げんじょう》（竜角ともいう）と琴尾近くの雲額《うんがく》（雲角）と呼ばれる駒に載せ、雲額の方から絃にそって三十一個のつぼ（勘どころ）を示す徽《き》が螺鈿《らでん》で示されている。象牙をはめこむ場合もある。つぼは雲額の側から「ヤクモコトツホハウヘヨリシタマテヲワカノミソチニナラヒキメヌル」のカタカナ文字を充てて表している。つぼ名は「八雲琴壺は上より下までを和歌の三十一に倣ひ決めぬる」という歌となる。

中山琴主が八雲琴創案の際にいただいた神意を推し量ることはおそれ多いが、創案のヒントに

八雲琴

なった曲、楽器は何であろうか。備後の箏曲家葛原勾当《くずはらこうとう》（一八一三―一八八二）の創案した二絃琴の竹琴を参考に作ったという説、さらに琴の形態からみて、一絃琴を模して作ったとの指摘もある。だが、琴の分類に入る一楽器が、中山琴主とともになぜ神性を帯びるのか。

それは八雲琴の曲が神に捧げる神曲として作られたのが始まりだからである。男性は水干、袴、烏帽子、女性はさげ髪で威儀を正して演奏した。演奏する際は身を清め、手を洗い、声高なもののいい方を慎み、呼吸を整えて弾く。

八雲琴は神にお供えする神曲を目的として作曲されたので、弾奏の仕方を次のように厳しく規制している。

十 二 箇 条

一　琴《こと》の形容《かたち》を、いろ〳〵に注作《ちゆうさく》すべからざる事

一　琴《こと》を台《だい》なく、たゝみの上《うえ》に置《おく》べからざる事

一　琴糸《こといと》は蒼天色《あおいろ》の濃《こき》と、淡《うすき》とに限《かぎ》るべき事

一　調子は惣《すべ》て、平調双調《ひようじようそうじよう》を、よしとす。或《ある》は黄鐘《おうしよう》、盤渉《ばんしき》より高《たか》くあげて、しらぶべからざる事

一　自らの調子は、何位《なにくらい》という事を常に、調子笛を以てしらべおぼえさだめ置べき事
一　爪台《つまあたり》に龍爪《りゅうそう》を当《あて》、或は管《かん》を押《おさ》え、琴の甲に当り扢々《ぎしぎし》といわぬように弾ずべき事
一　手物《てもの》を弾時《ひくとき》、早過《はやすぎ》て其間《そのま》、片寄《かたより》、拍子《ひょうし》の崩《くずれ》ざる様に、弾ずべき事
一　席上歌謡《せきじょうかよう》のうち、外見《よそみ》すべからず。幷に咳嗽《せきばらい》また息《いき》を高《たか》く、つぐべからざる事
一　他《ひと》の爪《つめ》、転管《てんかん》を以て、かりにも弾ずべからざる事
一　本曲より他の俗曲を、ゆめ〳〵弾ずべからざる事
一　遊里《いろさと》、酒宴《さかもり》の席《せき》、又は倡優卑業《いやしきわざ》の輩《ともがら》、又は不浄の所《ところ》において、決《けっし》て翫《もてあそ》ぶべからず。神《かみ》の咎《とが》め給わんこといちじるければ、慎《つつし》むべし
一　琴具《きんぐ》すべての色《いろ》、定法《さだめ》あり。白《しろ》は、印可《いんか》、紫《むらさき》は奥許《おくゆるし》ならでは、用《もち》うべからず。中許《なかゆるし》は、紫《むらさき》と外色《ほかいろ》との打交《うちまぜ》くるしからず、初伝《しょでん》は其外種々《そのほかいろいろ》の色糸《いろいと》を、用《もち》うべき事

（『八雲琴譜』より）

ここで、八雲琴演奏者の系統を簡単に辿ってみよう。

琴主の芸は、出身地の伊予で黒田琴翁《きんおう》が継ぎ、出雲の佐草文清《さくさふみきよ》、大阪の中平遊琴へ流れ、奈良の山本震琴《しんきん》へ伝承された。琴主が活躍の場とした京都では、村田友琴《ともごと》が指導的存在であったほか、岡山県笠岡の大平直琴《すぐごと》を経てその弟子田中緒琴《おごと》に伝えられた。田中は大本教の楽長に就任して祭典楽に八雲琴を採用し、没後は長女が緒琴を襲名している。

もう一つの流れは、琴主の実弟、大岸元琴《もとごと》で、八雲大岸流をつくり、東京へ進出した。妻 玉琴《たまごと》が跡を継いで、これ以降、同派家元は玉琴を称する。名古屋の加藤真琴《かとうまこと》、大岸玉琴の姪の京都の大岸藤琴《ふじごと》を経て、名古屋の椿神明社《つばきしんめいしゃ》宮司、一色輝琴《いっしきてるごと》が受け継ぎ、没後子女の豊琴《とよごと》がこの派の宗家に就いた。

また、元琴の門弟加藤亀太郎は、八雲琴を改良して俗曲に用い、藤舎芦船《とうしゃろせん》と名乗って一派を開いた。歌舞伎の囃子方にも用いられたため、祭典用が主であった八雲琴とは用途、奏法にも違いが生じて、東流《あずまりゅう》二絃琴と称して俗楽器となった。

それは八雲琴を俗曲むきに大きな音が出るようにやや大きくして、裏板を取り除いている。三味線の二の糸を使って三味線と合奏したり、長唄曲を取り入れて演奏したりした。大正の初期、名古屋の森田伍郎がこの二絃琴にピアノの鍵盤装置を応用したため、大正琴を創案するヒントになった。森田は明治十八年『東流二弦琴唱歌集』を出版している。

中山琴主
- 村田友琴（京都）―大平直琴（岡山）―田中緒琴（京都）
- 大岸元琴（東京）―加藤真琴（名古屋）―一色玉琴（名古屋）
- 黒田琴翁（伊予）―中平遊琴（大阪）―山本震琴（奈良）

二、金光教の八雲琴

昭和五十八年、私は金光教《こんこうきょう》と黒住教《くろずみきょう》の祭典楽吉備楽《きびがく》を取材して、それをささやかな印刷物にまとめて発行した。『神のしらべ―吉備楽始祖岸本芳秀《きしもとよしひで》伝』と題したこの出版物を、恩師である金光教の神戸・水木教会、西村信之進教会長に見せたところ

「八雲琴という古い琴の曲も、祭典のご用を務めていますよ」

と、教えられた。八雲琴という言葉を、私はここで初めて耳にした。氏から紹介を受けて金光教の大阪・難波教会に八雲琴を尋ねたことが、この取材の始まりであった。

金光教に八雲琴を尋ねるにあたって、金光教とはどんな宗教なのか、調べてみた。

金光教の教祖金光大神は文化十一年（一八一四）、備中国占見村（現在の岡山県浅口郡金光町大字占見）に農民の次男として誕生した。幼名は川手源七で、近くの村へ養子に出され、後に赤沢文治と名前を変えた。家族、家畜が相次いで死に、七つの墓を築いたという。これは、俗信で恐れられていた日柄《ひがら》方位の神、金神の祟りと思い、金神の怒りを鎮めるため、祈りを捧げる日々を送った。

信仰の深まりとともに、金神は殺戮の恐怖神から慈愛にあふれる守護神となった。最終的に神号は天地金乃神となり、自身も金光大神と名乗って、神の意志を人に伝え、人の願いを神に届ける取次者としての役割を自任した。

天地金乃神は一神教であるが、偶像化されることはなく、天地万物すべてに神の力が潜み、神の意志が働くとする、汎神論的な解釈がされている。祈りは毎日の正しい生活の積み上げの中に行われ、勤勉、努力、親切、孝行が神の「おかげ」、即ち神徳をいただく道に通じる、と教えた。

金光大神が晩年に筆を執った「覚書《おぼえがき》」という文章には、不幸の続く生活を信心で切り開いていった日々の出来事が淡々と記され、同教の教典となっている。神の「おかげ」を信じて正しい生活に励むことが信仰の基礎になっており、労働を重んじ、実利に基づく幸福、安寧を目指すところに、同教が民衆の宗教といわれるゆえんがある。

神と人は、「氏子あっての神、神あっての氏子」といわれ、岡山方言で協力し合う意味の「あいよかけよで立ちゆく」とも表現されるように、互いに助け合う関係にある。土や水の中にも神徳の現れを見て、神の力に生かされる喜びに満ちた生活を送る人を「生き神」といった。万能の神を語りながら、民衆の生活の中に神の姿を見ているところに、この教えの特長がある。

昭和五十九年八月二十八日、私は金光教難波教会（大阪市浪速区難波中三丁目）で八雲琴の演奏を初めて聴く機会を得た。

この日は同教会の近藤藤守《こんどうふじもり》初代教会長の御霊祭《みたままつり》が催されていた。大勢の信者が詰めかけたお広前で、四人の奏者による八雲琴の演奏の中、祭祀者のお出まし、玉串奉奠《たまぐしほうてん》、退下《たいげ》が行われた。

八雲琴は、琴の華やかさはなく、もの寂しく、ひなびた響きに感じられた。今様の中の、神仏をたたえ歌った神歌《かみうた》、法文歌《ほうもんのうた》の流れを汲むもののようにも思われた。琴の構造の厳かな名称が琴主の霊感によって命名されたことを思うと、八雲琴とその演奏を宗教儀式の一形態とみることができないだろうか。近藤世喜子《よきこ》同教会長の長女で、学校法人浪花金光学園の近藤武野《たけの》理事と、祭典後に面談の時間を持つことができた。

「御霊祭の玉串奉奠で演奏しましたのは、『五十鈴川《いすずがわ》』と申す曲です。難波教会では、春秋の大祭に雅楽、春分、秋分、それと毎月十五日、二十八日の御霊祭に八雲琴を採用しております」

「五十鈴川」は、伊勢神宮近くを流れる同名の川の清らかな風景を表した名曲とされている。

新宮涼琴
五十鈴川　　同人調

身そぎして身もすそ川の底清《そこきよ》く　こころぞすめる神垣《かみかき》の内《うち》　（『八雲琴譜』より）

このほか、同教会では伊勢の風景を表現した「神路山《かみじやま》」（資料1）、悠久の神徳を称えた「松《まつ》の

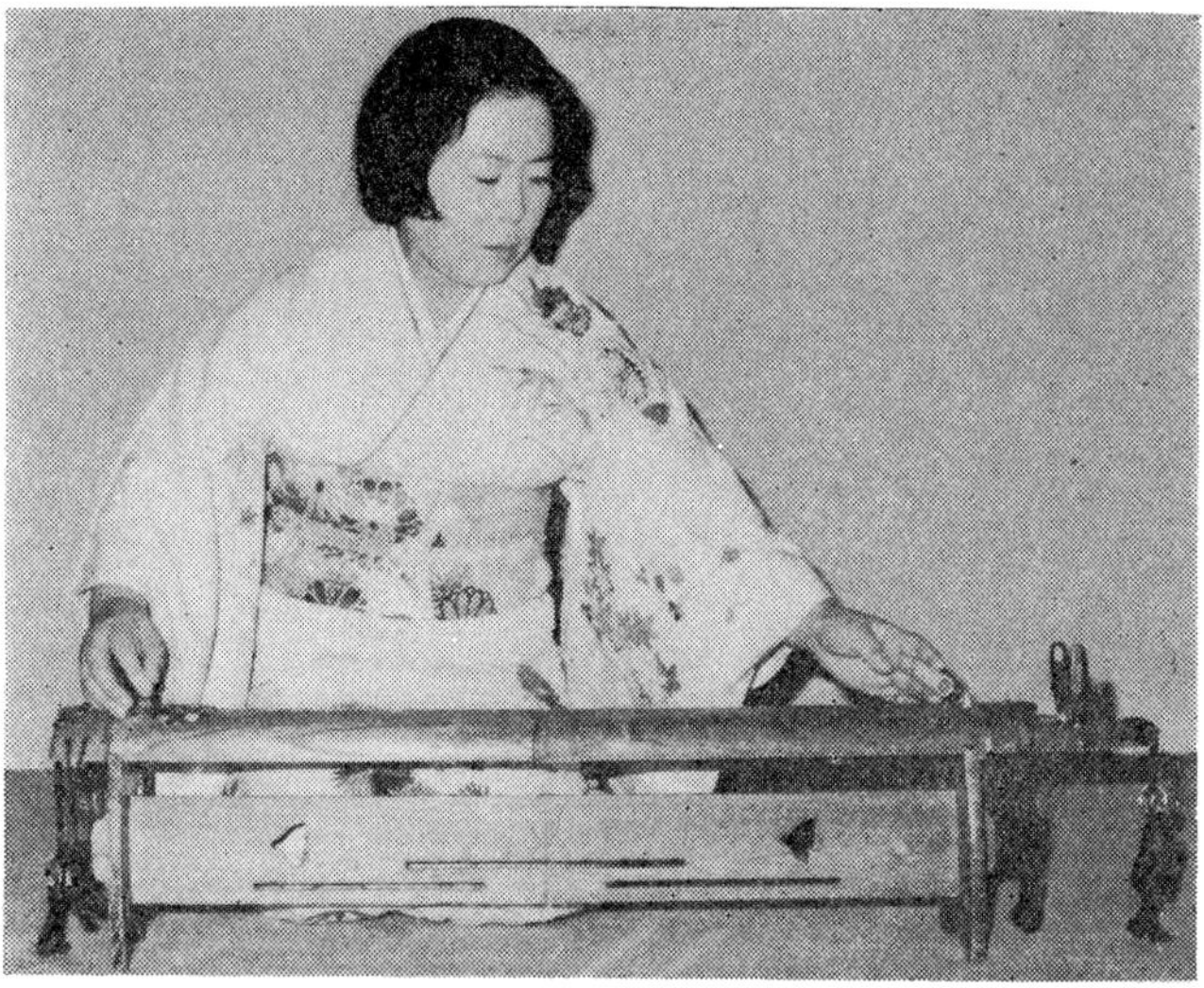

金光教難波教会の近藤武野

齢《よわい》」（資料2）、桜花を愛でた「木《こ》の花《はな》」（資料3）、神国の栄えを祝った「安国曲《やすくにぶり》」（資料4）、伊勢参拝を歌った「伊《い》勢《せ》詣《もうで》」（資料5）を演奏している。

近藤武野理事は八雲琴の伝承を振り返ってしみじみと語った。

「難波教会では、近藤藤守初代教会長の妻、梅子《うめこ》夫人によって、祭典で八雲琴が弾かれるようになりました。八雲琴は御霊祭に欠かすことができませんが、伝承には苦労がありました。娘さんたちは結婚されますと、どうしても芸ごとから遠ざかってしまいます。

大正十五年に梅子夫人の直弟子の兼頼《かねより》米蔵《よねぞう》という先生が三人の養子娘を見込みまして、夏休みの一カ月間にみっちりと教えられました。そのうちのお一人は九州へ嫁がれ、八雲琴から遠ざかっておしまいでしたが、あとのお二人は、現在、金光教河内松原教会長をお務めする前田登代子先生と、生け花の未生流中央未生会会長でいらっしゃる片岡八重甫先生です。このお二人が難波教会の八雲琴グループの指導役をしてくださっています」

さらに言葉をついだ。

「私も十四歳から八雲琴を修業していますが、片岡先生は八雲琴とともに、お茶、お華のお師匠でもありました。難波教会のほかに河内松原、小阪、富田、豊里（以上大阪）、田原本（奈良）、大津（滋賀）、伊勢（三重）でいまでも演奏しておられますし、浜松、東京、銀座などの教会でも以前は演奏しておられたと記憶しております」

近藤武野理事は知らず知らず梅子夫人と同じ道を歩んでいた。前田、片岡両氏の助力のもとに、約十人の演奏者に八雲琴の伝承を期待する。

「ふだんはめいめいが自宅で練習して、祭典の前に難波教会に集まりまして、総ざらいする程度の練習です。演奏曲目は十曲くらいですが、その一曲に大曲とされる『天《あめ》の御柱《みはしら》』がございます。初代の近藤藤守先生が絶やしてはならないといい残された思い出深い曲で、御霊祭で演奏しております」

八雲琴は、難波教会の布教の歩みとともに響き続けた。同教会は、昭和五十九年に難波布教百四年目を迎えた。

同教会の創設者、近藤藤守は安政二年(一八五五)十一月十五日、大阪の城西大手通、飛脚業天満屋の次男に生まれた。幼名は与三郎という。天満屋は代々飛脚業で、大坂城の城代城番出入頭を務め、苗字帯刀を許されていた。夫人、梅子は、嘉永六年(一八五三)一月、大和国郡山の旧藩士岡田縫之助の次女に生まれ、幼名は浅野と呼んだ。

与三郎は、派手な遊興が祟って家財を傾けたうえ、二十五歳の頃、鼻血が止まらず、頭が激しく痛んだ。医者に診てもらったところ、脳癆《のうろう》といわれる難病で、脳の半分が腐り、それが血膿となって流れ出るのだという。病気平癒を祈って、与三郎は金光教へ入信する。後に、「松のみどり」と題する随筆の中で、その心境を次のように記している。

　自分はこれまで天恩地恩と申すことは知らずに暮らして来た。随分放蕩もして祖先からの金銭を湯水の如く使ったこともある。これ等の行為は天地の神律にさぞかし触れていよう。天地に対して数々ご無礼は重なっているにちがいない。脳癆などという業病にかかるのも当然である。今日は神様に一切の懺悔をしよう。この上は天地の神律によりていかようとも裁判を仰ごう。

与三郎、梅子夫婦の信仰は始まった。これが、難波教会の発祥である。

奇蹟的に一命を取り留めた与三郎は、近藤藤守と名を改め、布教活動を開始する。

難波教会に伝えられる話によると、梅子夫人は神道大阪分局亀田加豆美《かめたかずみ》の妻女から神前曲八雲琴の伝授を受け、祭典でも八雲琴を用いるようになった。布教が始まってからまだ日の浅い金光教では、祭典楽が定まっていなかったため、厳かな八雲琴の調べで、神への祈りを深めたかったのであろう。信者の兼頼米蔵、秋里志米らが梅子夫人から八雲琴を習って師匠格となり、次第に難波教会の直弟子が布教する各地の教会に祭典楽として八雲琴が広まっていった。

明治期、金光教の大阪での教勢は爆発的に伸びている。難波教会では、近くの郭からの芸者や芸人の信者も多く、淀八という幇間《ほうかん》が木の台の灯籠をお供えしたり、青楼というお茶屋の女将が敬虔な信者となっていった。教会は現在の難波の高島屋の西端あたりにあった。

三、近藤藤守と梅子夫人

梅子夫人は明治二十七年十月十日、持病の癪が悪化して危篤状態に陥った。信者が、本部の教主に梅子夫人の病気が平癒するように神にお願いしてもらうために、急ぎ岡山県金光町へ出発した。

十三日、梅子夫人は容態が急に快方に向かい、起き上がり、金光教本部に病気が治ったお礼の参拝をするといい出した。意志が固かったので、夫の藤守も許し、梅子夫人は付添の信者と一緒に汽車で岡山に向かった。

途中、姫路駅で梅子夫人の病気平癒のお願いを済ませた帰りの信者が、列車の中からプラットホーム越しに、停車中の下り列車に梅子夫人をみつけた。びっくりして声をかけると、

「大阪に帰ったら、梅子は機嫌よう参ったと先生にお伝え下さい」

と、いう。

梅子夫人はその日の参拝を無事に終え、旅館の夕食も食べて休んだが、翌十五日朝、急に激しい癪に襲われた。にわかに容態が悪化し、急逝した。享年四十一だった。夫は病状悪化の電報を受け取り、すぐさま岡山へ向かった。その車中で、

「一度は散るとは知りし木の葉にも　ただなつかしき秋の夕暮」

という歌を詠む。

「ああ、こんなさびしい歌を作ってはいけない」

と思い直して、ほかの新しい歌に作りなおそうとしたが、どうしても作れなかった。

梅子夫人は金光町で葬られ、遺髪が大阪へ帰還した。玉露姫《たまつゆひめ》の諡号《しごう》で、今も信者から尊崇されている。

藤守は大正六年一月、六十一歳で帰幽《きゆう》するまで、梅子夫人との最後の別れをいとおしみ、夫人

のために作った句を、八雲琴の「五十鈴川」の曲に乗せて歌った。それを毎年十月十五日の梅子夫人の命日と、同月二十八日の藤守の月例御霊祭で演奏することに決め、現在まで続いている。

梅子夫人は生前、夫婦の絆を歌い上げた「天《あめ》の御柱《みはしら》」（資料6）を最も好んだ。この歌は、伊弉諾尊《いざなぎのみこと》と伊弉冉尊《いざなみのみこと》がおのころ島に宮殿をお建てになり、その大柱の周りを巡りながら夫婦の契りを交わされたという神話を歌ったものである。

八雲琴で表現された神話の最たるものは、天《あめ》の詔琴《のりごと》（『八雲琴譜』では、「天の沼琴《ぬごと》」）（資料7）である。大国主命《おおくにぬしのみこと》が異母兄弟の八十神《やそがみ》から迫害されて、根の国の須佐之男命《すさのおのみこと》のところへ逃げてくるが、須佐之男命からもむかでと蜂の室、蛇の室に入れられるなど、試練を受ける。須佐之男命の娘の須勢理毘売《すせりびめ》を連れて、生大刀《いくたち》、生弓矢《いくゆみや》を身につけ、天の詔琴を抱えて逃げようとしたところ天の詔琴が木に引っかかり、その大きな音で目をさました須佐之男命に追われてこの世に戻ることから、国譲りを経て国造りが始まる。

生大刀、生弓矢が宝物の武器、天の詔琴が祭器で、いずれも部族を支配するうえで必要なものだ。

琴主を始め、彼の門人たちは、厳かな祈りの中で八雲琴を天の詔琴になぞらえたのである。

このほかに、日本列島創世の神話を表した「天《あめ》の浮橋《うきはし》」（資料8）、「天瓊矛《あめのぬほこ》」（資料9）がある。ご神意を受けた伊弉諾尊、伊弉冉尊の二神が天上から降臨され、天の浮橋に立って泥海状の下界を天の瓊矛でかき回し、矛の先から垂れた潮のしずくが固まって、おのころ島になったという『古事記』の神話である。

玉露姫（梅子夫人）は、難波教会の信者にとって、神格化された存在といってよい。八雲琴を演奏することは、玉露姫を始めとする同教会歴代の指導者たちをお祭りする宗教儀式となる。玉露姫を崇敬し、同教会で八雲琴を伝習した人々は、一つの派を形成して今日に至った。その派の在り方は、八雲琴の家元とその門下としての関係ではなく、純粋に信仰の先達者と信者という宗教的な絆による。

金光教教会における八雲琴の流れは、ほとんど知る人がいない。文献の中からも、その痕跡はみつからなかった。しかし、難波教会が金光教の八雲琴グループで指導的な役割を果たしてきたことを考えると、近藤儀琴という人物に興味を抱く。

儀琴は明治中期、大阪市南区心斎橋で雲琴堂という屋号の薬店を営んでいた。儀琴は明治二十八年三月『新撰八雲琴譜』上下巻を著し、「浪速吟風舎」を結成して八雲琴の普及に努めた。その弟子に地歌箏曲家の中平遊琴（本名福之都）がいる。

近藤、中平の芸は、琴主の出身地、伊予の黒田琴翁の流れで、奈良の山本震琴《やまもとしんきん》は中平から伝授されている。

当時、大阪で全盛を極めていた八雲琴は、近藤、中平らの箏曲家グループが指導しており、玉露姫を始めとする金光教八雲琴社中もこの流れの中で習得し、各教会の祭典楽に採用していったのであろう。

四、祭典楽―八雲琴に関連して―

金光教で八雲琴を採用した教会は、大阪の難波教会を中心としたごく一部に限られる。大抵は雅楽《ががく》、吉備楽《きびがく》、中正楽《ちゅうせいがく》を用いている。八雲琴を考える上で、金光教に例をとって祭典楽の成立を見てみよう。

雅楽は仏教、神道でも採用するところが多くよく知られているが、吉備楽については、現在金光教、黒住教で採用され、中正楽については、金光教のみ採用されている。

昭和五十八年四月、岡山県金光町の金光教本部で催された金光教大祭で、吉備楽の舞を見る機会があった。箏《そう》、笙《しょう》、篳篥《ひちりき》の伴奏の中、白拍子、巫女を思わせる装束で、冠をつけた少女四人が枝を手に実にゆっくりと舞った。その典雅で清麗な趣に、私は神楽の一種かと思った。同行した知人に聞いてみると、幕末から明治維新にかけて岸本芳秀によってつくられた新しい舞曲、吉備楽とわかった。

岸本芳秀は文政四年（一八二一）、備前国御野郡下伊福村（現在の岡山市三門）にある伊福八幡宮（現在の国神社）の社家に生まれた。代々岡山藩の雅楽の楽人を務めた。明治政府が技芸の一子相伝を認めなくなったのを機に、雅楽を一気に簡素化して、謡曲、常磐津《ときわず》の長所を取り入れて新曲とした。

岡田音吉の論稿「吉備舞楽の梗概」の中に「最初芳秀翁は雅楽六調子の中、平調《ひょうじょう》を選び、越天楽《えてんらく》の四拍子を八拍子として古歌を配して作曲した。箏が中心となり、笙、篳篥、龍笛《りゅうてき》等は伴奏楽器として用いられる」とある。

また、中正楽を創始したのは、岸本芳秀の弟子の尾原音人《おばらおとんど》である。尾原は明治六年十二月、岡山市西中島にある商家の次男として生まれた。同二十一年十月の金光教大祭で、尾原は友人と吉備楽を奉仕演奏したことから教団の楽員となり、同三十四年、金光教楽部の初代楽長に就任した。そうしたことから吉備楽は正式に祭典楽として採用され、全国の教会に広まった。

尾原は、大正三年一月、音楽の恩師、宮内省伶人東儀俊儀《とうぎとしのり》、奥好儀《おくよしのり》の助言のもとに、新しい宗教音楽の作曲に取りかかることになる。吉備楽の琴の旋律に雅楽の三管三鼓を添え、吉備楽に雅楽の持つ荘重な感じを加味する手法で作曲されたようである。それが中正楽と名づけられて、大正四年四月の金光教大祭で演奏されてから、同教の教楽となった。

中正楽の呼称は、中国前漢末の思想家、揚雄（前五八～後一八）が著した『揚子法言』の「或問交五声《ごせい》十二律也或雅或鄭何也　曰中正則雅多哇則鄭」という文中より、「中正」の語を充てた。

五声とは、中国の音階の五つの音のことで、十二律とは、その音の高低で一律ずつ隔てる十二音でオクターブをつくる音律のことである。音楽は五声十二律あるが、雅《が》（美しい音）になったり、鄭《てい》（猥《みだ》りがわしい音）になったりするのは、どうしたことであろうか。自然な心で調和をとって奏でたならば雅となり、やたらに作り声を出すと、鄭国の音楽のように猥褻になるというくらいの意味であろう。

揚子とは揚雄の尊称で、成帝の側近に仕えていた。「甘泉賦《かんせんふ》」「羽猟賦《うりようふ》」など賦の名作のほか、思想書として、『論語』を擬した『揚子法言』、『易経』になぞらえた『太玄経《たいげんきよう》』などがある。

『論語』に倣った『揚子法言』の中正の精神を祭典楽の神髄にしたことは、尾原音人の信仰の内容をうかがわせる。尾原は『吉備楽及び中正楽由来の概要』と題する書き物の中で、

「吾人素より芸人に非らざるが故に芸術の優劣を競ふ者にあらず、只吉備楽中正楽を以て神人の和楽をはかり兼て社会風教の上に些かにても益せんことに志すのみ」

と、志を記している。長女の尾原博は

「吉備楽では、女性が歌います場合に、祭典には華やかすぎるという教団側のご指示で、おごそかな感じの中正楽をつくることになった、と父が話していたのを記憶しております」と、当時を偲ぶ。

教団内で広く採用されているこれらの祭典楽があるにもかかわらず、伝承する者が極めて少ないとされる八雲琴を、なぜ、あえて難波教会で神事に弾奏するのか。私がふと軽い関心を抱いたことが、神秘な八雲琴の世界への旅立ちになろうとは、思ってもみなかった。

五、生国魂神社の碑

大阪市天王寺区生玉町の生国魂《いくくにたま》神社(通称いくたま神社)に八雲琴の碑が建っていることを知って、訪ねてみた。同神社は地下鉄谷町九丁目で下車、駅から徒歩で約五分の位置にある。御祭神は生島神《いくしまのかみ》、足島神《たるしまのかみ》、大物主命《おおものぬしのみこと》(相殿神)である。

生島神は生国魂大神《いくくにたまのおおかみ》、足島神は咲国魂大神《さきくにたまのおおかみ》ともいって、伊弉諾尊《いざなぎのみこと》、伊弉冉尊《いざなみのみこと》の御子で、大地と大地の生命を守護されている。『生国魂神社略誌』によると、神武天皇が九州より難波津《なにわず》にお着きになった時、石山碕《いしやまのさき》(現在の大阪城付近)に生島、足島神を祀られたのが、同神社御鎮祭の始まりとされている。

同神社の二宮正彦宮司に案内を乞うた。碑は、同神社境内の北西隅にある浄瑠璃神社の前に建つ。高さ約三メートル、幅約一メートルの岩盤製の碑である。

二つ緒乃八雲の琴に神の世のしらべをうつし伝え来にけり

元祖　中山八雲琴主　花押

その下に、八雲琴の絵が彫られている。飾緒《かざりお》、絃を張る転軫《てんしん》と呼ばれる糸巻、千鳥の模様など、豪華な八雲琴の姿を細かく刻み込んである。そして表に円形、裏に三ヵ月形の彫り抜きがしてある。音の響きをよくするために、八雲琴にあけられた望月形と月弓形の響孔である。碑は八雲琴をかたどっている。

石碑の裏には、

浪華吟風社中《ママ》　明治十九年六月建立

と刻まれ、下河辺春琴ら社中五十一人の名前が記されている。

だが、八雲琴の碑がどのようないきさつから同神社の境内に建てられたのか、二宮宮司にもわからない。二宮宮司は、

「当神社は明治四十五年の南の大火で焼け、戦災にも遭って、昔の資料はほとんど焼失しております。八雲琴は神前曲を弾く楽器ですので、社中の方々が八雲琴が盛んになることを祈って、奉納されたのでしょう。当社の境内社の一つ、浄瑠璃神社には、歌舞伎の祖といわれる小野於通《おののおつう》を人形浄瑠璃の親神としてお祀りするなど、芸ごとに携わる人々の信仰を集めていたことから、建立されたのかもしれません」

と語る。

八雲琴の石碑の隣には、昭和九年二月に建立された「義太夫人形浄瑠璃二百五十年記念燈」が並んでいた。

「八雲琴の碑があるのですから、資料を集めて当神社で展覧できるようにして、八雲琴の音を響かせてみたいですね」

二宮宮司は、浪速吟風舎の社中がこの碑の前で演奏を奉納したであろうことを惜しんで、八雲琴の再興を心に掛けておられた。

生国魂神社の八雲琴碑

（資料1）

神《かみ》路《じ》山《やま》　　琴主

いはまくも。かしこけれども。天照《あまてら》す。日《ひ》の大神《おおかみ》の宮柱《みやはしっ》。太敷《ふとしく》たてて天地《あめつち》の。其始《そのはじ》めより皇《すめろぎ》の。御世《みよ》を守《まも》りの神路山《かみじやま》。千枝《ちえだ》の杉《すぎ》の並立《なみたち》て。流尽《ながれつき》せぬ五十鈴川《いすずがわ》。深《ふか》き色《いろ》そふ鳩口《はとくち》の紅葉《もみじ》を照《て》らす朝《あさ》日《ひ》山。かがやき渡《わた》る宇治《うじ》の橋《はし》。遙《はるか》にわしの高根《たかね》より。鼓《つつみ》が嶽《たけ》を打詠《うちながめ》。音《おと》なし山をめ手《て》に見《み》て登《のぼ》り下《くだ》りの坂中《さかなか》に。弾糸《ひくいと》の音《ね》もうかれめの。立舞袖《たちまうそで》のたわやかに。揃《そろ》ふ拍子《ひようし》も合《あい》の山。あはぬしらべのあとや先《さき》。行《ゆき》かふ人のたえまなく。山田《やまだ》に通《かよ》ふ小田《おだ》の橋《はし》。霞《かすみ》もはれて宮崎《みやざき》に昔《むかし》を移《うつ》す桜木《さくらぎ》の。実《み》ばえの花は九重《ここのえ》の春《はる》の錦《にしき》にまさりけり。

（『八雲琴譜』より、原文のまま）

（資料2）

松《まつ》の齢《よわい》　　イヨ　黒田　琴臣

同　清琴調

出雲山《いずもやま》。やま松《まつ》が枝《え》は春風《はるかぜ》の。吹《ふき》すさびても咲花《さくはな》の。色香《いろか》に増《まさ》り千早振《ちはやふる》。神《かみ》の御志《みし》めの遠長《とおなが》に。翫《もてあそ》ばんと玉くしげ。二絃《ふたお》の琴《こと》を鶴亀《つるかめ》の。齢《よわい》によそへ。引《ひく》ぞたぬしき。

（資料3）

木《こ》の花《はな》　　京　永野　貞信

同　元子調

唐土《もろこし》の人《ひと》に見《み》せばや敷島《しきしま》の。倭島根《やまとしまね》の桜花《さくらばな》。華《はな》の顔《かん》ばせいちしろく。吉野《よしの》よく見《み》てよしといふ。人ならずとも春風《はるかぜ》に。ちりかひ曇《くも》るあだ桜《ざくら》あかぬ色香《いろか》にあくがれて。目《め》もはる〳〵とすがの根《ね》の永《なが》き春日《はるひ》を情《こころ》なき。身《み》にもあはれと志《し》たひ来《き》て。実木《げにこ》の花の咲《さく》や姫《ひめ》さくかひありて草《くさ》も木《き》も。多《おお》かる中《なか》に木《こ》の花の。華《はな》にまされる花もなし。あしたゆうべに時《とき》わかず。南殿《なでん》の御階《みはし》天放《あまさが》る。ひなの伏屋《ふせや》もめではやし。一重《ひとえ》に八重に九重《ここのえ》に幾春《いくはる》かけて咲《さき》か栄《さか》えん

（資料4）

安《やす》国《くに》曲《ぶり》　　　　エト　中枝　幸琴
同　長谷川検校調

四方《よも》八隅《やすみ》。夷従服《えびすまつろい》うら安《やす》の。国《くに》そ楽《たの》しき神代《かみよ》より。天津《あまつ》日嗣《ひつぎ》の高御座《たかみくら》。君《きみ》も万世臣《よろずおみ》も千代《ちよ》。ときはかきはの岩枕《いわまくら》。苔《こけ》むす迄《まで》も松《まつ》の葉《は》の功正《いさおただ》しき敷島《しきしま》の大和の国細矛《くにはくわしほこ》。千足事《ちたりこと》たりなに一つ。かけし事《こと》なく豊《ゆたか》なる。神《かみ》の恵《めぐみ》に人皆《みな》の。麻取《ぬさとり》むけて祭《まつ》りする。昔《むかし》ながらの御手《みて》ぶりに。月日《つきひ》と共《とも》に明《あき》らけく天地《あめつち》とむだ限《かぎ》りなく。幾万世《いくよろずよ》もさかえつきせじ

（資料5）

伊《い》勢《せ》詣《もうで》　　　　琴主

旅衣《たびごろも》。けふはる〳〵と立出《たちいず》る。雲《くも》をしるべに東路《あずまじ》へ。馴《なれ》し都《みやこ》を跡《あと》に見《み》て名残尽《なごりつき》せぬ白川《しらかわ》や。滝《たき》津流《つながれ》の末遠《すえとぉ》く。見送《みおく》る友《とも》にいつかまた。行逢坂《ゆきあうさか》の関路《せきじ》なる。清水《しみず》の影《かげ》にまとゐして。汲盃《くむさかずき》に遠《おち》近《こち》の山《やま》も霞《かすみ》て近江路《おうみじ》や。日《ひ》にけにかはる旅《たび》の空《そら》。行へ何国《いずく》と定《さだ》めぬば。心《こころ》も広《ひろ》き武蔵野《むさしの》や。陸奥《みちのく》迄行見《までもゆきみ》んと。元《もと》より神にうけひして。伊勢路《いせじ》の名所《めいしょ》。爰《ここ》かしこ。めぐるも清《きよ》き神の代の。流絶《ながれつき》せぬ宮川《みやがわ》の。岸打浪《きしうつなみ》も杉《すぎ》の名《な》も。高倉山《たかくらやま》に宮人《みやびと》の合神遊《かみあそ》びする音《おと》すみて。御神楽《みかぐら》うたふ声《こえ》ぞたぬし

き

（資料6）

天《あめ》の御《み》柱《はしら》

エト　鈴木重兼

琴　主調

天《あめ》の御柱行《みはしらゆき》めぐり。神《かみ》のむつ玉合《たまあい》そめて。かたみにのらす。あなにやし。うまし契《ちぎり》の御心《みこころ》を。くみとに起《おこ》す国《くに》つちに。めをのむつびの中《なか》ばかり。誠《まこと》あるものは。なかりけり。

（資料7）

天《あめ》の沼《ぬ》琴《ごと》

八雲琴主

琴《こと》はいざなぎいざなみの。命《みこと》に起《おこ》り須佐之男《すさのお》の。神《かみ》に賜《たま》ひし久方《ひさかた》の。天《あめ》のぬ琴《ごと》は天《あめ》の下《した》しらせる神《かみ》のそこたから。み宝《たから》ぬしといつかしき。神《かみ》のしるしと八千矛《やちほこ》の神《かみ》に賜《たま》ひし詔琴《のりごと》の其古《そのいにし》へのあとゝひて。此二《このふた》つ絃《お》の八雲立出雲《やくもたついずも》の琴《こと》はつくり出《いで》。尊《たか》きしらべを引《ひき》うつす。

（資料8）

天《あめの》浮《うき》橋《はし》

ムサシ　頤神堂

琴　主調

懸巻《かけまく》も。あやにかしこしいはまくも。ゆゝしきかもよ伊奘諾《いざなぎ》の。神《かみ》のみことは伊奘冊《いざなみ》の姫大神《ひめおおかみ》と天《あめ》の原《はら》。宇支橋《うきはし》の上《へ》ゆ久堅《ひさかた》の。天沼矛《あめのぬほこ》をさしおろし。かきなしませば。矛先《ほこさき》の。しほもこをろに自凝《おのころ》の島《しま》と成《なり》にき其島《そのしま》を。御柱として左《ひだり》より。男神《おかみ》はめぐり右《みぎ》りより女神《めかみ》はめぐりあなにやと。

みこと挙《あげ》して。にはくなふり。をゆきあひつゝうみましゝ。国《くに》の御名《みな》はも大倭《おおやまと》。豊秋《とよあき》津《つ》洲《しま》百足《ももたら》ず。伊予二名島八百土《いよふたなしまやおに》よしつくしの島二子《しまふたご》なすおき佐渡のしま越《こし》の島《しま》。次に大洲其次《おおしまそのつぎ》に。吉備《きび》の児島《こじま》と八洲国《やしまくに》。産《うみ》ましゝより天地《あめつち》や。日月《つきひ》と倶《とも》にたりゆかん。神《かみ》のみおもと潮沫《しおなわ》の。次々こりて生出《なりいず》る。島《しま》の八十洲《やそしま》しろしをす。神《かみ》の八十神数万《やそかみやよろず》の。あめの益人百千《ますひとももち》の少男少女《おとこおとめ》の妻《つま》どひもみちびかしけん浮橋《うきはし》の。神代《かみよ》の昔　尊《むかしとうと》かりけり。まなばしら。まなはさらめや。あふがずあらめやも。

（資料9）

天《あめの》　瓊《ぬ》　矛《ほこ》

ナガト　白石資興

やひろのとのを。みたてます。くしびのわざゆ。おほやしま。国《くに》なりそめし。其《その》もとは。あめのぬほこの。しづくなり。

第二章　大本、祭りと神話の世界

田中緒琴の系譜

中山琴主―村田友琴（京都）―大平直琴（岡山）―初代 田中緒琴（京都）―二世 田中緒琴（京都）

一、大本教団と八雲琴

宗教法人大本の八雲琴は、中山琴主の直弟子で、京都で活躍していた村田友琴から田中緒琴へ受け継がれた。私は、大本教団出版部門の天声社、出口文営社長の紹介で、大本教団に二代にわたって八雲琴の演奏をしている神伝八雲琴第四代宗家、宮咩会《みやのめかい》の田中緒琴《たなかおごと》（父の名を襲名、本名千草）に会うことができた。昭和五十九年十月二十七日、亀岡市の大本・天恩郷、大本図書館でのことである。二代目緒琴は次のように語っている。

「大本で最初に八雲琴を演奏しましたのは、梅田ヤスさんと聞いております。明治四十二年十一月二十二日、神殿竣成式の時に、出口聖師（出口王仁三郎《でぐちおにさぶろう》）の命令で演奏されたそうです。ヤスさんのご主人の常次郎さんは、京都で呉服問屋を営み、後に教団の幹部になられたお方です。出口聖師が八雲琴の創案の神意を汲み取られて、教団での演奏を要請されたと思います」

大本教団は明治四十二年二月、大日本修斎会という名のもとに機関誌『直霊軍《ちょくれいぐん》』を創刊、開祖出口なおの筆先を「天の真名井《まない》」の題で四回にわたって連載した。

そして、大正三年九月十五日、『神霊界』を発行する。神殿の創建に併せて大広間も改造され、神殿竣成式と、その翌日の秋季大祭でも、八雲琴の音は清らかに響いた。教勢の隆盛を告げる天《あめ》の詔琴《のりごと》と信者たちは聴いたことであろう。

八雲琴が大本教団で本格的になったのは、初代の田中緒琴に依る。初代緒琴は本名沢二、明治三十五年八月三十一日、岡山・東大戸村（現在の笠岡市）の地主の次男に生まれる。幼い頃から、姉の静に十三絃の琴を習い、相当の技を習得した。中学生の頃、綾部の大本本部へ参拝した際、講演を聞いたことから入信したという。祭典で演奏された八雲琴の音に魅せられて、郷里の笠岡で大平直琴へ弟子入りした。大平は中山琴主の直弟子である。

二代目緒琴は、八雲琴が大本教団とつながりを持ち始めた頃のことを、

「その当時、八雲琴の二代宗家、村田友琴《ともごと》先生が京都にお住まいで、父はどんなことからか、村田先生に演奏をお聴かせする機会がございました。父が演奏する間、先生はただ黙って聴いておられ、演奏し終わっても、なんともおっしゃられなかったそうです。そして、後日、三代宗家を父に譲るとおっしゃられました。特別、おほめの言葉をいただいたわけでもなかったので、父は大層驚きました。三代教主の出口直日《なおひ》先生が八雲琴のお手ほどきを父から受けられるようになりますと、ようやくお習いになる方が多くなりました」

と語る。

初代の面影は月日の流れとともに消えていくが、大本の琴の響きに初代の魂が籠っている。

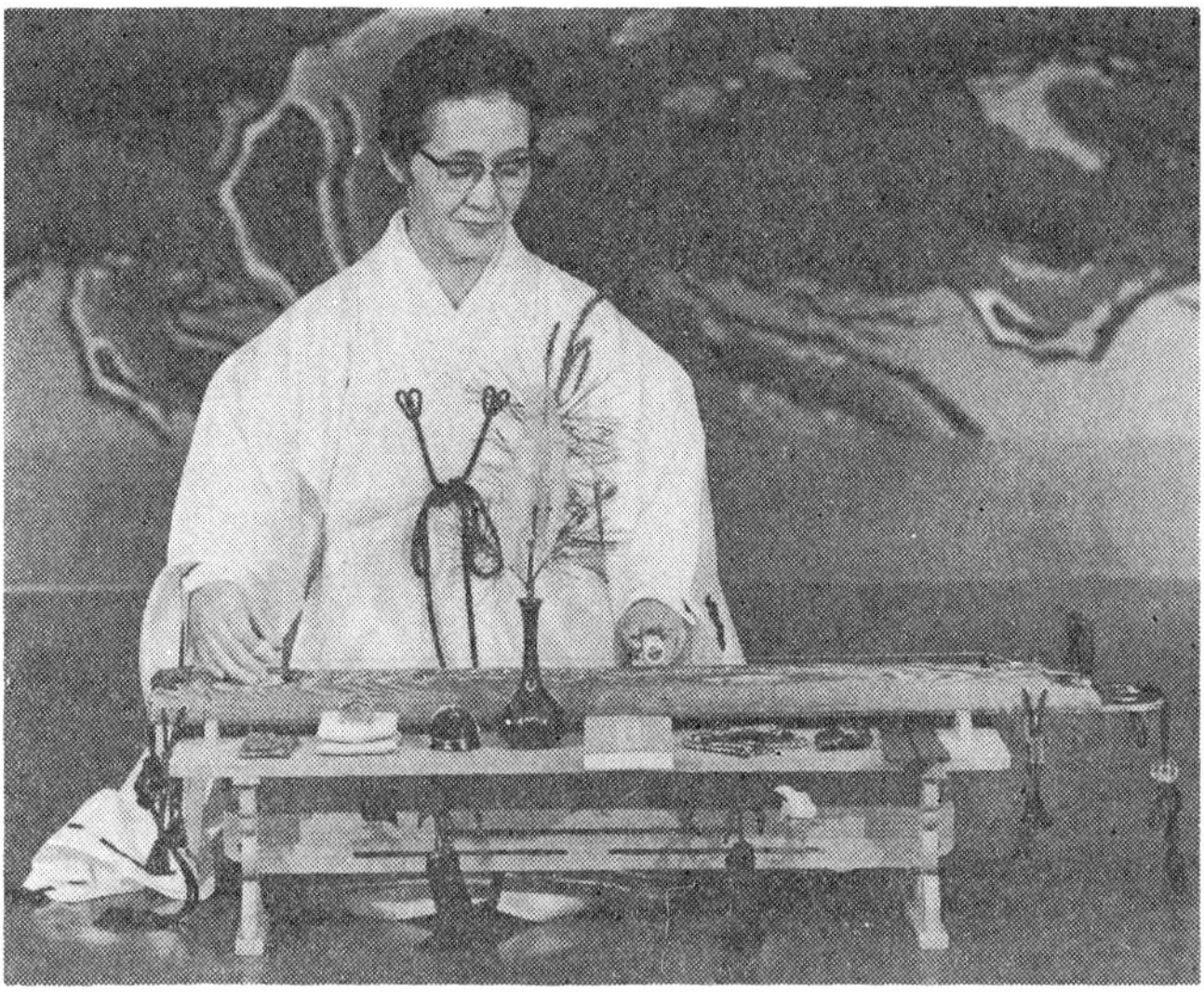

大本教団の二代目田中緒琴

出口直日教主が田中に緒琴と命名したことでも、八雲琴に力を入れた出口教主の気持ちが察せられる。緒琴とは、八雲琴の二緒（絃）から採られたのであろう。節分大祭の大潔斎《だいけっさい》で演奏される「天《あま》の数歌《かずうた》」は、出口直日教主の要請で、初代緒琴が作曲した。

ひとふたみよいつむゆなゝやこゝのたりや
ひとふたみよいつむゆなゝやこゝのたりや
ひとふたみよいつむゆなゝやこゝのたり
もゝちよろづと　ふるへゆらふるへゆらゆら

信者が日々に祈る感謝祈願詞《みやびのことば》の中にも、

「天の数歌」が記されている。一《ひ》霊四魂《と》、八力《ふた》、三元《み》、世《よ》、出《いつ》、燃《むゆ》、地成《なな》、弥《や》、凝《ここの》、足《たり》、諸《もも》、血《ち》、夜出《よろず》の言霊学による文字で、宇宙の生成を表す。一霊四魂は、独一真神（宇宙で唯一絶対のまことの独りの神さま）の勇親愛知の四魂。八力は、真神の働きである陽と陰の結合で生じる八力。三元は、八力の結合で、剛、柔、流の三体、霊、力、体の三元が生じる。世で泥海状の世界に。出で、日、月、星と大地ができる。燃で生物、地成で人類の誕生。弥、凝は、生成過程を表し、足で完全な世界ができる。諸はもろもろのものが生じ、血は力が宇宙に満ちる。夜出は、昼だけの世界に夜ができて神の世界が開かれる。

　大本の主な祭典は、二月三日の節分大祭（綾部本部）、五月三日の教主、教主補生誕祭（亀岡本部）、五月五日の弥勒祭（綾部本部）、八月の瑞生大祭＝出口聖師生誕祭＝（亀岡本部）、十一月六日の開祖大祭（綾部本部）である。

　八雲琴の演奏を節分大祭に例をとって、二代目緒琴は次のように説明している。「ご祭典の祭員入場の際、祓い清めの祈念を込めて菅掻曲《すががきぶり》が演奏されます。この時、歌はつきません。献饌《けんせん》の際に、『天《あめ》の沼琴《ぬごと》』（今様曲）に出口聖師作歌の讃美歌から抜萃した歌詞をおつけして、一番から四番まで繰り返し奏でます。祝詞のあと、玉串奉奠に入りますが、歌なしの手ごと（琴のみ）で、『春の調』『五十鈴川』『須賀川』といった曲を奏します。次に参拝者の祝詞となります。感謝《みやび》の祝詞、神言《かみごと》とも申されます。祝詞後には讃美歌を歌います。その時は、八雲琴の演奏はありませ

大本歌祭で八雲琴をひく田中緒琴

ん。退下の際に、再び菅掻曲を演奏致します。

　それから、大潔斎の神事に入ります。宇宙すべてをお祓いして清めます。祭主が七十五声と称します一種の祝詞をあげます。これはあおうえいで始まり、ぱぽぷぺぴで終わります。言葉の一番のもととなっておりますあいうえおをご神意によって配した詞で、約十分間、独特の抑揚でお唱えになられ、それに合わせて二人の舞姫がお仕舞風に舞います。この時は、八雲琴の演奏はございません。七十五声がすみますと、『天の数歌』の八雲琴の演奏にのって、宇宙をお祓いする表現の舞を三回繰り返します。ほかの祭典も、八雲琴の演奏はほとんどこの形式で行われます」

　夏の瑞生大祭の前夜の午後六時から七時半頃まで、亀岡の本部で催される歌祭では、八雲琴、舞、和歌の朗詠とが、えもいわぬ情感を盛り上げて、出口なおの初発《しょっぱつ》のお筆先「三千世界一どにひらく梅の花、梅でひらいて松でおさめる神国の世になりたぞよ」というお諭しを思わせる絢爛とした歌場となる。

「歌祭の最初に『須賀川』の曲に出口聖師のお歌をいただいた大和御歌の舞があります。お仕舞風の三人舞で、約三分間舞います。

それから、全国のご信者から寄せられた和歌百数十首を八雲琴と弓太鼓《ゆみだいこ》の伴奏で、夷振《ひなぶ》り調に朗詠して歌垣をつくります。最後にやはり『須賀川』の曲で、聖師さまのお歌による須賀の宮の舞をいたします」

弓太鼓とは、桶に弓をつけ、梅の枝で絃をたたいて音を出す。歌垣は上代に男女多数が集まって、歌舞飲食を行った習俗で、村落間の親睦と婚姻、山の幸の豊かな収穫を神に祈った。西暦八百年頃には絶えてしまったのを、出口聖師が神事として昭和十年に採用された。この雅やかなお祭も弾圧事件で中断したが、昭和二十五年に復活し、初代の田中緒琴先生は「神伝八雲琴宮咩《みやのめ》会《かい》」を結成して、その家元となった。平安の頃から、正月と十二月の初午の日に、吉祥を祈って高御魂命《たかみたまのみこと》をはじめとする六神をお祀りした宮咩の祭にちなんだ。

二、弾圧、戦時下の八雲琴

しかし昭和十年十二月、第二次大本弾圧事件で教団が壊滅状態となったため、八雲琴の演奏は中断した。大本の古くからの信者で、同教団の教学研究機関、日本タニハ文化研究所、木庭次守代表からも、話を聞くことができた。木庭氏は、第二次大本事件で投獄され、出獄後、教団内で出口王仁三郎裁判の弁護事務に携わった。当時を次のように振り返っている。

「昭和十一年四月十六日から百余日投獄されて警察と検事局の取り調べを受けました。昭和十三年三月三日から大本弁護事務所で警察聴取書、検事聴取書、予審訊問調書、予審終結決定書の検討に従事することとなりまして、証拠の提出および弁論要旨の作成に従事したために、出口なおの履歴生涯、出口王仁三郎先生の履歴生涯をはじめ、大本の根本教典であります出口なお開祖のお筆先『大本神諭』、『霊界物語』、論文などの全文献を精読することとなりました。その外に大本関係の全文献を通読することが出来ましたことは、何にもまさる幸福なことでした。十年間にわたる第二次大本事件の裁判に従事したことで、大本の全貌を理解することができました。神と人間とのかかわりあいを詳細にわたり学ぶことが出来たと申せましょう。けれども、昭和十七年八月七日、満六年八ヵ月にわたる拘置から保釈出獄された出口王仁三郎先生の顔色が、大阪若杉刑務所前で見ると、土色に見えて私は呆然となりました。大変な救世の聖苦であったと思われたのです。自動車をさがして御乗車して頂き、亀岡町中矢田の大本農園へ送り、私たちは汽車で、荷物を持ってお届けしました。『五月闇晴れて天地の光かな　王仁』という御歌があります。出所直後、刑務所前のさぬき屋旅館で私に『御苦労やったなア』とねぎらわれました。裁判で、証拠の提出や弁護要旨の作成にあたり、真剣に祈るとき、先生が十センチ程の姿となり、私の額(白毫)から体内に入ってスラスラと問題を解決し文章を書かせていただいた先生と、土色の顔色の先生との二人の先生が心に出来て大変に困惑しました。十七年の秋に、大本農園の自宅へ先生と夫人に招かれて、膝を交えて四時間にわたりお話を拝聴するうちに、二人の先生が一人の先生となってホッと安心したものです。人の心の中ほど不思議なものはありません」

終戦で大本事件が解決し、大本教団は昭和二十一年二月七日、愛善苑として再発足した。同年八月二十六日、亀岡の月の輪台完成式で、久々に八雲琴の音が響いた。月の輪台とは、神が世界をお救いに出発される拠点とされている。

二代目田中緒琴は、記憶をまさぐるように初代の思い出を語った。

「父は大本事件でお琴を教えることができない状態になりまして、初めてサラリーマンになりました。京都市内の貿易商に勤めたのですが、戦争でそこがつぶれ、東海銀行に就職しました。

しまいこんだ琴を時々取り出して、いつかはまた、弾く日がくるだろうと申しまして、さびしそうでした。戦後、大本は新発足しまして、昭和二十一年に亀岡の月の輪台の完成式が現地で催されました。父は久々に八雲琴を弾くことになって、それはたいへん喜んでおりました。弾圧で破壊し尽くされ、建物らしいものは何一つありませんでした。演奏者は父と私、出口家のお嬢さま、それにご信者さんの五、六人でした。

父が亡くなる直前でございましたが、八雲琴の胴に用いる桐材が、それまでの細めの材ではよい音が出ないので、十三絃に使用する桐材で八雲琴を制作したりしていました。父は、若い頃から琴師にまかせずに、自分も一緒に制作しました。宇治に父と親しい深見定次郎さんとおっしゃる十三絃の琴師がいらっしゃいました。父がその方に八雲琴のつくり方を指示して作っていただいておりましたが、弾圧事件があったり、太平洋戦争が始まったりで、深見さんは琴師の仕事をお続けになることができなくなりまして、中国大陸へお渡りになって軍を相手のご商売をされました。終戦となって引き揚げてこられた深見さんを父は自宅に呼んで、縁側などで二人して八雲琴の制作を始めました。

戦後、私どもの家は綾部から亀岡へ移転しましたので、深見さんは毎日汽車で亀岡まで通ってこられました。父は、若い頃から自分で琴をつくる工夫をしていましたので、深見さんの先輩にあたる琴師でしたでしょうか、そんなに琴をつくるのが好きなら道具一式をやろうといって、いただいた道具がございましたので、深見さんは身一つで私の家へこられても、制作に不自由することはありませんでした。原木を買いに出かけても、父が木を選びまして、深見さんにあれこれと注文したようです。父は一本の木の良い部分をとって作ろうとします。深見さんは木をむだなく全部使わないと採算がとれないと申されます。よい琴をつくろうとするのと、商売でつくるのとの折り合いがむずかしかったようです。深見さんはその苦情を父にいわずに、私ども家族にこぼされていました。

その深見さんも父も、今はすでに亡くなりました。深見さんの跡を、息子さんの修造さんが引き継がれましたが、おそらく八雲琴専門の琴師は、現在の深見さんお一人でしょう。深見さんは京大出身で経理士の資格をお持ちですが、体をこわしてお勤めができなくなり、小さい頃から父親の琴のつくり方を見よう見まねで覚えていたことも手伝って、お父さまの琴師の仕事を継ぐ決心をされました。それでも、八雲琴制作については、父の方が詳しかったようで、亀岡まで通ってこられては、父からつくり方をお習いになられました。でも、音を定めるつぼの位置は音程を熟知していないとつけられませんので、私がつけております。その深見さんも脳血栓で倒れましたが、指先の動きに衰えはなく、再起して制作を続けておられます」

昭和三十六年三月二十九日、初代の田中緒琴は国の無形文化財に指定された。

「父は箏曲家になろうとして八雲琴を始めたわけではありませんでした。信仰を深め、神曲を奉納する一心で努力したことが認められたのは、出口直日教主のお励ましのおかげと喜んでおりました。思いあがったようないい方かもしれませんが、私も祭典で演奏する際は、宇宙を祓い清める気持ちで臨んでおります。そして、すがすがしくさせていただいております。そのためにも、リズムに乗せて、きちんとした弾き方を心がけています。神曲であっても、澄んだ曲として、芸の力を持つ、人の心をひきつける音曲でなければ、と思っております」

同教団では八雲琴振興のため、毎月一日から十日まで、信者を対象に滞在費、食費などの経費を教団で負担して講習会を開いている。このため、信者の八雲琴奏者は約五百人と伝承に厚い層を持っている。宮咩会は教団の要請で、五十三年二月十六日にネパールの首都カトマンズで、五十五年五月十日にニューヨークのキリスト教聖公会の聖ヨハネ大聖堂で、同月十六日にイギリスのケント州の聖公会大本山カンタベリー大聖堂で、五十七年五月二十九日にニューヨークの聖公会の聖ヨハネ大聖堂で、それぞれ八雲琴の演奏を行っている。単に布教のための演奏にとどまらず、外国との文化交流という目標を掲げているところに、幅の広い大本の教風がうかがえる。

三、大八洲神社遷宮式―八雲琴の正式採用―

木庭次守氏は、八雲琴と大本教団について次のように語っている。

「八雲琴が大本の祭典に楽器として用いられたのは、明治四十二年十一月二十二日のことです。綾部の東北にある弥仙山《みせんざん》より国常立尊《くにとこたちのみこと》の神霊を奉迎して、大本の神殿（仮本殿）の竣成式および遷座式を行った時に、出口王仁三郎教祖の下で奏楽したのに始まります。その後、大本教団で八雲琴を正式に採用したのは、大正六年十一月二十九日、大本の最も神聖な神殿の大八洲《おおやしま》神社の遷座祭の時からです。

大八洲神社のご祭神とは日本神典の造化の三神であり、大本神諭の天の御三体の大神にましまます。即ち天御中主大神《あめのみなかぬしのおおかみ》、高皇産霊神《たかみむすびのかみ》、神皇産霊神《かみむすびのかみ》であり、天照大神《あまてらすおおみかみ》、伊弉諾命《いざなぎのみこと》、伊弉冉命《いざなみのみこと》のことです。これらの大神を奉斎することは大本として最も重大なる意義を持っています。

この大祭典にあたり、王仁三郎教祖によって、大神さまの許しを受けて八雲楽を奏楽することを神定され、盛大に奉仕されたのです。これより八雲琴を祭典の神楽と決定されて、今日に到っています」

大本教団は京都府綾部市の本宮山の麓に池を掘り、五大洲に擬した島々を造った。これが地球の縮図としての金竜界《きんりゅうかい》である。金竜界の金竜とは、宇宙創造の時の神さまのお姿が金の竜体であったとされるところから、つけられた。金竜界の島々の中で、ユーラシア大陸とみられる一番大きな島の上に大八洲神社が建立され、ここに造化の三神を始めとする神々を祀った。この地に神々が鎮まっていることを示したもので、地上に神国の雛形を造ったことを意味する。

同神社遷宮式は、これを機に大本教団の教えを世界に知らせ、天国を地上に建設する大運動が開始される最も重要な式典であった。

遷宮式は、大正六年十一月二十九日、全国から多数の信者が集まって行われた。月夜であったが、時折時雨が地上を清めるごとくに降ってはやんだ。はき清められた金竜界には、無数の神燈と篝火が一帯を明るく照らし出し、式場前の広場には、立錐の余地がないほどに参拝者が集い、粛として式の進行を見守っていた。

午前零時きっかりに、太鼓が鳴り響くと、出口王仁三郎教主を先頭に、衣冠束帯の祭人十四人が列席して、大祓の式が始まった。この時、八雲琴が厳かに響き渡り、神の世の到来を思わせる厳粛神聖な雰囲気になったという。

当日の模様は、大正七年一月一日発行の『神霊界』一月号に「大八洲神社遷宮式紀事」（資料1）と題してつぶさに記されている。

四、出口王仁三郎と八雲琴

出口王仁三郎教祖が神許を受けて、八雲琴を大本教団の神祭の楽器として制定したことについて前出の木庭氏は、

「八雲琴が高天原の神々の世界の楽器を地上に移した神の琴だから……」

と説明する。

王仁三郎は、大本の讃美歌（資料2）、いろは歌（資料3）にも八雲琴を歌っている。王仁三郎にとって、八雲琴は神と人の息を揃える神聖な楽器であったという。

王仁三郎は、八雲琴の発祥の由来を須佐之男命の神政時代に始まると教えた。木庭氏は次のように解説する。

「須佐之男命が須賀宮（出雲の八雲山山頂）にお入りになって、この大海原、即ち地上世界を全部治められる責任を伊弉諾尊からお任せになられたことについて、非常にご心労遊ばされました。朝鮮や、出雲の方は平定したが、更に八十国の雲霧を払い、八重垣を取り払うにはどうしたらよかろう、大抵の事ではない、と心配に沈んで腕を組み、うつむいておられる時に、奇稲田姫《くしなだひめ》が、

弓を桶にくくり付けて、それをポンポンと叩かれた。それが弓太鼓の濫觴《らんしょう》です。その音を聞いて須佐之男命は心を和めて、そうして『八雲立つ出雲八重垣妻籠みに　八重垣作るその八重垣を』の歌が出来たということです。

それが、後には一絃琴になり、二絃琴になり、八雲琴になり、やがて今日のたくさん絃のある琴が出来ました。

王仁三郎教祖は常に高天原の神霊世界へ親しく出入りされていたので、神姿をその霊筆で描かれています。画家の絵と本質的に違う点はここにあります。その神筆の絵から八雲琴を探しましたら、須佐之男命の娘で、大国主命の妻神となられたと神話に説かれる須勢理毘売命《すせりびめのみこと》の神像が、八雲琴を抱いておられるのです。

王仁三郎自筆の八雲琴を抱く須勢理毘売像
（『出口王仁三郎書画集一』より）

この絵を軸にして考えますと、須佐之男命の妻神の奇稲田姫命が弓太鼓を発案制作され、続いて須佐之男命の娘にます須勢理毘売命が八雲琴を発案されたことになります。八雲

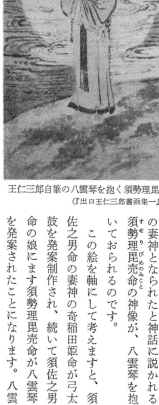

琴の創始の祖中山琴主が、出雲大社で霊感にうたれて八雲琴を発案されたのも、御祭神が大国主命と須勢理毘売命にましますためでありましょうか。八雲琴は既に三十五万年前の須佐之男命の時代に、その原形が高天原の神々の世界から、地上に現れていたという大本の神話は、大変面白いことです」

八雲立つ出雲小琴の音に合ひて
　　神と人との息は揃へる

これは、王仁三郎の歌である。王仁三郎は、讃美歌の中で八雲琴の歌曲を「神のご栄光ご功績をうたうもの、天地百の罪人を生かせしたもうた瑞御霊《みずのみたま》(母神として現れた大本の主神。救世神)の勲をお称え申して、神世に生かされている歓喜を天津使《あまつかい》(神のお使い)とともに歌い調べるもの」と、教えている。また神を慰め、天地神明を和ませるものが琴である、とも考えていた。神をあがめ信ずる上で欠かせないもの、琴を弾じ、歌うことは祈りの儀式の一つとされた。

では、八雲琴を含む琴という楽器が、出口王仁三郎の神との対話の中でどのようなかかわりがあったのだろうか。王仁三郎は歌誌『明光《めいこう》』昭和十年十一月号に掲載した「明光漫語《めいこうまんご》」(資料4)と題する文章の中で、言霊《ことたま》学の立場から琴について、「非常に清らかな澄み切った言霊によく似ている。言霊を調節する機具というところからコトと称する」と論じている。

言霊とは言葉に霊力があり、言葉の意味するところが物事に影響を与えるという言葉に対する信仰である。言葉の組み合わせ方で生じてくるさまざまな力を研究し、学問的に体系づけていくのが言霊学である。

では、なぜ、王仁三郎にとって、一絃琴や十三絃ではなく、八雲琴でなければならないのか。ここで再び、八岐大蛇《やまたのおろち》の出雲神話に立ちかえっていくことになる。須佐之男命が大蛇を退治した後に作った歌を、もう一度思い出していただきたい。

この歌は、八雲立つ出雲に妻と一緒に暮らすための八重垣、即ち宮殿を築きますよという意味である。そこには、国造りという意味も含まれている。この歌の「八雲」、「八重垣」という言葉を王仁三郎は言霊によって解釈し、八雲（災い）を取り払う琴が導き出されてくる。そして大本の重要な夏の祭典、歌祭に連関していくのである。

王仁三郎は昭和十年十月三十一日、明光殿で「歌祭に就いて」（資料5）と題して、八雲琴と歌がどのように神をお慰めするのかを、如実に語っている。

その中で、王仁三郎は「八雲」をいやくもという言霊で考え、「いやくも」を取り払い、「八重垣」という垣根、国々が自国の利益のみで築いているさまざまな垣根を取り除いて、一天、一地、一君の世界を築くことを祈った歌と解釈する。この歌が「八重垣作るその八重垣を」で切れているゆえんは、ここにあるという。

歌祭は、いやくもと垣根を取り払うことを神に祈った祭場《まつりのにわ》であった。村々で年に一度ずつ催され、村人たちは歌を献詠することで神さまをお慰めするとともに、怨み、妬み、もめごとなどもろもろの罪悪を祓い清め、若い男女は歌に真の愛情を表してやりとりをするなど、親睦の場ともなった、と論じている。

歌祭では、王仁三郎自ら、八雲琴に合わせて歌を献詠する(資料6)。

五、須佐之男命と大本の神

出口王仁三郎教祖は、須佐之男命を歌の祖とし、歌に込められた心に沿って正しい道に励みましょうと、歌祭献詠歌に歌っている。八雲琴の調べに乗って歌を詠むことは、神のお心にかなうよう正しく生きることを祈る儀式にほかならない。

だが、須佐之男命を尊崇しながら、神の歌に表されている八重垣を取り払う祓いの解釈を言霊学で打ち出しているように、王仁三郎の神観もまた、須佐之男命の尊崇に留まらず、須佐之男命を発展的に否定する新しい神に目を向けて進むことになる。ここでも須佐之男命は、天照大神と高天原で演じたように、下界でも反面教師の役柄となっている。しかし、王仁三郎の新たな天照大神像が出現するためには、須佐之男命は不可欠である。須佐之男命が天照大神に乱暴を働いたように、下界においても須佐之男命の荒びた精神が人間に乗り移っているからだ。

出口なお教祖の教典、『初発《しょっぱつ》の神諭《しんゆ》』では、

「三ぜん世界一度に開く梅の花。艮《うしとら》の金神《こんじん》の世に成りたぞよ。梅で開いて松で治める神国の世になりたぞよ。この世は神がかまわなゆけぬ世であるぞよ。いまは獣類の世、強いものがちの、悪魔ばかりの世であるぞよ。世界は獣の世になりておるぞよ。悪神に化かされて、まだ目がさめん暗がりの世になりておるぞよ。これでは、世は立ちてゆかんから、神が表に現れて、三千世界の立て替え、立て直しをいたすぞよ。用意をなされよ」

と記している。

表に現れる神は第二の天照大神であり、天の岩戸から出て暗黒に光明をもたらし、強いもの勝ちの獣類の世を神徳で鎮め、世の立て替え、立て直しをする。その神号は、艮の金神である。

明治四十一年に、それまでの祭神、艮の金神に加え、坤《ひつじさる》の金神が併祀された。この二神の神格の変化と役割を見てみよう。

艮の金神＝厳御霊《いずのみたま》―変性男子《へんじょうなんし》、出口なお…国武彦 命《くにたけひこのみこと》→国常立 尊《くにとこたちのみこと》→稚姫君 命《わかひめぎみのみこと》→法身《ほっしん》の弥《み》勒《ろく》(注1)。

坤の金神＝瑞御霊《みずのみたま》―変性女子《へんじょうにょし》、出口王仁三郎…小松林 命《こまつばやしのみこと》→須佐之男命→豊雲野尊《とよくもぬのみこと》→応身《おうしん》の弥勒(注2)。

出口なおの稚姫君命は、『日本書紀』に出てくる稚日女尊《わかひるめのみこと》とみられる。須佐之男命が逆剝《さかはぎ》の斑駒《ぶちこま》を投げ入れたことに驚いて、機から転げ落ちて死んだ姫である。稚日女は大日孁貴神《おおひるめむちのかみ》（天照大神）の子供とも妹ともする説がある。

ここには天照大神は見られないが、須佐之男命が王仁三郎の神格の一つとなっている。大本教団の教えによると、変性男子は純粋で正しい神格を持ち、変性女子は汚れた世界との媒介を役割とした神格を持っている。変性男子と変性女子はやや敵対する性格を持つので、変性男子、即ち出口なおを天照大神の役柄とみれなくもない。やがて、変性男子と変性女子は和合し、両神の神格を超える五六七《みろく》神が王仁三郎の神格として登場することになる。この神は、「天のご先祖さま」といわれた。

王仁三郎は大本の最高の神格となり、『初発の神諭』から一貫して展開してきた須佐之男命の御世の終末観を背景に、世の立て替え、立て直しに挺身することになる。須佐之男命の神格を蟬の殼のように脱ぎ捨て、新しい神へと発展し、八重垣を取り除きつつも、王仁三郎の中には須佐之男命が潜み続ける。それはちょうど、誰しもが子供時代の自分を否定し切れないのに似ている。そして王仁三郎の神格五六七神の役割は、敵対する須佐之男命の八重垣があってこそ、引き立つのである。

こうして、須佐之男命の神格から発展して生まれた五六七神は、須佐之男命に対する天照大神に似た位置付けとなった。

六、大本教団の教え

では、八雲琴を祭典楽として採用している大本教団とは、どのような教えがなされているのか、同じ金神という俗神の神を信仰することから始まった金光教と比較しながら木庭次守氏に教えを乞うた。その時の話を対談形式で紹介しよう。

窪田 大本の開祖出口なお先生が大変な生活苦の中で神がかりされ、最初に現れたのは方位、方角の悪神とされていた艮の金神でしたね。

木庭 なお先生は十一人の子を産み、八人育てられました。大工の夫、政五郎さんが亡くなってから、女手一つでまんじゅう屋をやったり、紙すき、紙屑買いや、農業の手伝いをしたりして、赤貧洗うがごとくの生活をされました。しかし、いつも身だしなみはきっちりとして、髪を乱すことなく、着物は粗末ですが、のりのきいたものを身につけるきちょう面で、まじめな人柄でした。神がかりになられたのは、嫁いだ娘さんの発狂がきっかけとなりました。気丈な先生も「わたしは、なんでこんなに苦労するのか」ともらされた時に、「艮の金神じゃ」という言葉がひとりでになお先生の口からほとばしりました。明治二十六年正月、五十六歳の時から「三千世界一度に開く梅の花　元の神代に立て替え立て直すぞよ　須弥仙山に腰をかけ　艮の金神守るぞよ…」の絶叫大獅子吼が一年にあまり、そのあとは二十七年間お筆先を書き続けられます。

窪田　金神は金光教の教祖の赤沢文治（後の金光大神）が神がかりされた時に、最初に現れた神です。その後、神格がどんどん展開して天地金乃神さまになるのですが、大本と金光教は神さまがもともと同じなので、親戚のように思わせていただいております。出口なお先生は一時、金光教の綾部布教所の教師をなさったこともありますね。

木庭　出口なお先生の御祈願によって、病気を治してもらった人が、どこへお礼に参りましょうかと、なお先生に尋ねられた。腹の中から声が聞こえるだけですので、先生は困りましたね。教会も社もありませんから。三女の福島ひささんが金光教のご信者でしたことから、亀岡の金光教の教会へお礼のお参りに行かれます。そんなことで金光教とご縁ができました。

窪田　出口なお先生は、京都の天理教の教会も訪ねて、ご自分に神がかりした神格を判断してもらおうとしますが。

木庭　そこでわかりませんので、神さまのおさしずで独立されます。神さまは大きな世の立て替え、立て直しをお命じになられる。なお先生は、わたしのような貧しい老人ではとてもできないと申し上げると、東の方角から力になる偉い人が出て来るから待つように、と金神はおっしゃる。それが上田喜三郎先生、後の出口王仁三郎先生でした。大本では、開祖は出口なお先生、教祖は出口なお先生と出口王仁三郎先生のお二人となっております。

窪田　出口王仁三郎先生は、なお先生とお出会いになる前に、郷里の京都府南桑田郡曽我部村大字穴《あな》太《お》（現在の亀岡市内）の高熊山におこもりになりますね。

木庭　高熊山にこもった一週間で、宇宙の始まりから数千年後までの、過去、現在、未来の生成の過程をごらんになった。霊界は時間空間がない意思想念の世界ですから、この際に宇宙の全脚本をごらんになることができました。その時からの数十年にわたる霊的体験が後に『霊界物語』として発表されます。

窪田　王仁三郎先生となお先生が対立された時期があったのですか。

木庭　二人とも神がかりをしてやりとりされますから、激しい時があります。なお先生は神がかり、王仁三郎先生は神意による神勅の実行者、審神者《さにわ》（神感を判じて神霊の正邪を審判する者）であり、生き神というようなことを、後に王仁三郎先生がいわれたことがあります。なお先生と王仁三郎先生は、神話の世界を芝居でみせたのですよ。なお先生の神格の展開の過程で、艮の金神が国武彦命、国常立尊、稚姫君命になります。また、王仁三郎先生の神格は坤の金神が小松林命、須佐之男命、豊雲野尊へと発展します。なお先生と王仁三郎先生の各神格は同じ神から生じた働きです。国常立尊は地、豊雲野尊は天に現れる神の働きです。ですから艮の金神、坤の金神は一神であり、なお先生と王仁三郎先生は一体です。艮の金神がとじこめられていたという沓島《めしま》（一般にはくつじまと読む）、冠島《おしま》（一般にはかんむりじま）（いずれも舞鶴市沖）開きや、なお先生が艮の金神の変性男子《へんじょうなんし》の役割、王仁三郎先生が坤の金神の変性女子《へんじょうにょし》になられ女装をなさって神島（兵庫県高砂市の沖）へ渡って坤の金神開きをなさったり。本当に神話の世界の演出を思わせます。出雲大社にご神火を、丹後の元伊勢にご神水をいただきに行かれますね。なお先生が弥仙山(綾部市)におこもりになられた時を弥仙山の岩戸ごもりと申されたり、明治三十六年に岩戸開きの神事を同山頂上でなさったりします。王仁三郎先生が布教活動を合法化するために、なお先生に黙って稲荷講社の下部組織にするお話を進めているのを怒って、おこもりしたのです。天照大神が須佐之男命の乱暴を怒って天の岩戸にこもられたのと比べても、面白いですね。

窪田　合法的に布教活動をするため、王仁三郎先生は大本に金明霊学会を組織して稲荷講社、御嶽教、大成教などの傘下で活動を続け、大日本修斎会を創立します。大正五年に皇道大本と改称し、大本の神は宇宙の創造主、独一真神となりますが、真神の神性についてお教え下さい。

木庭　神善と神真の両方を兼ね備えているのが真神です。神善とは神的善、愛善で熱の働きです。神真は神的智恵で、光の働きです。光と熱は同じものです。春と夏は光と熱とが合致しているので、植物の生命が育つ。合致しないと、枯れるという、そういうものです。

窪田　大本神学では、死後の世界、霊界についても述べていますね。霊界を投影しているものが現界(現実の世界)ということがいわれます。たとえば、私がこの部屋でこうしてお話をしている状態は、霊界との関係からいいますと、どうなるのでしょう。

木庭　霊界でも全く同じ状態です。目をつぶると霊界、目を開けると、物が見えますね。物質の世界になります。これが現界です。

窪田　その場合、神と人との関係は……。

木庭　人は神の子です。神の宮です。宇宙の三大要素(三大元)の霊(神、精神)、力(運動の力)、体(動物、植物、鉱物)のすべてに神の霊が宿っています。こう考えると、汎神論的になります。根源の独一真神は宇宙の創造主ですから一神論的になります。いろんな宗教の神はもともと同じところから出ていることに、王仁三郎先生は約二十四年間、霊的世界を巡覧されて結論を出された。それが万教同根思想です。ですから、一神論的でもあり、多神論的でもあるのです。人は、そのような神の、愛と知恵の入れ物です。それが人格ですね。

窪田　霊界には、それぞれ三段階の霊国と天国があるとされていますが……。

木庭　霊国は、宗教家、教育家、政治家のような指導者の昇り行く霊の世界であり、天国は、衣食住、産業、実業の分野の人の昇りゆく霊の世界です。霊国の精霊が天国の精霊を指導します。人間の体でたとえますと、肺臓と神経が霊国、心臓と血管が天国です。肺で血液が清められるように、霊国の精霊が天国の精霊を清めるという関係ですね。

窪田　地獄はないのですか。

木庭　本来はありません。必ず神の知恵の光と神の愛の熱で浄化されます。地獄のように見えるのはおできのようなもの、真神の愛善と神的智恵および霊界の指導霊によって治りますよ。

窪田　王仁三郎先生は霊界の全シナリオを高熊山で一週間でごらんになりましたが、それは神さまに出会われたということですか。

木庭　創造主そのものに霊的に触れられたということ。神人一致と呼んでいます。真神に合一しなければ、宇宙のことはわからないですよ。

窪田　たとえば、私は霊の世界と感合できますか。

木庭　真神の御子である神々、エンゼル（天使）や天人と感合できます。エンゼルとは、霊国へ昇った指導者の霊魂であり、天人は善人の向上したものです。人間の先輩の霊です。霊界は現界と分けて考えてはいけません。同時に存在するのです。第一天国から第三天国までありますが、一番優れた第一天国では、愛や知恵の何たるかを知らない。それになりきっているから何一つ疑問を持たないという状態になります。霊界では、霊魂が同じ状態でないと同居できません。現界はどんな人とも同居できるでしょう。だから、人の霊性の発展、成長、進歩があるのです。真神は現界が一番すばらしい、ありがたいところとみておられます。人として向上のできる現界は、天人養成の、高天原製造の学校ですよ。天国、高天原は別世界にあるのではなく、この現界、日常生活と一体となって、あるのです。それを実現するのが神の意志であり、人生の目的でもあります。

窪田　世の立て替え、立て直しは、真神の意志による現世での天国、高天原の実現ということですね。それが神の子としての務めということですか。生活実感からいいますと、金光教のお教えも同じ方向へ向かっているように思われます。神のおかげに感謝し、実意丁寧に生き切ったところに、くもりのない、すべてをありがたくいただく世界、それは現世とか死後を超えて、天地（宇宙）、すなわち神がありがたいという世界になる、と先生たちから教えていただいております。それは言葉を換えていいますと、「おかげの世界」、高天原とも解せると思うのですが……。

木庭　神のみ心にかなうという生き方です。日常生活の中で、天国的なものだけが、霊的世界へ行けるのですから。金もうけだけに目の色を変えるような生活は天国へ行けない。社会のために奉仕をする、生命をいつくしむという生活が天国へ行けます。その区別を日常生活の中でしていけば、おのずとその人は変わりますね。

窪田　金光教では、ありがたい気持ちそのものになりきられたお方を、神の意志にそったお方、生き神と申されます。生活者の姿でいえば、もう、なにも不足がなくなるのでしょう。困った状態におちいっても、よいアイデアかチャンスをつかむことができるというように。

木庭　神の愛と智に通じると、神はすぐ真の宝を授けて下さる。私たちが悩み迷うのは、智と愛が足りないからです。つくり主、神から智と愛をいただく、これが信仰ですね。いまの宗教は、行事になっています。祭りとは神を待つことです。神をお迎えに行けば、愛と智を即座にいただけます。宗教の本質は、教えたり、学んだりする以前の、赤ちゃんがお母さんに抱かれてすやすや眠るような状態ですよ。道徳や倫理は、こうやったらうまくいくとか、もうかるということで、宗教はそれを超えて神に通じることです。王仁三郎先生は私に、親はなぜありがたいかとお尋ねになったことがありました。私がうっかり世話になったから、というようなことを申し上げると、親はありがたいからありがたいんじゃ、といわれました。

窪田　ありがたいという気持ちに条件がつくようでは、いけないのですね。

木庭　いまはありがたさの説明が多いですよ。宗教は宣伝していては、にせもの。実業家が金もうけをしているようなもの。ありがたい精神の伝染でないといけません。そうでないと、まことの信心はとても続きません。私は十九歳の昭和十一年、第二次弾圧で百余日間拘置されましたが、大本は正しいからしようがないと思いました。投獄された信者たちは、王仁三郎先生のお供ができたといって、喜んでおりました。裁判の時は全くお祭りみたいでしたよ。王仁三郎先生が刑務所から法廷に出られる廊下に、信者が紋付き姿で二百人もお出迎えして、みんなにこにこしているので、弁護士がこれでは保釈にならないと困りきっていた程でした。

窪田　大本に対する弾圧は、鎖国時代のキリスト教は別として、近代では例のない暴虐として知らない人はいません。木庭先生は、現時点で弾圧事件をどのように受けとめておられますか。

木庭　真神が天国を地上に実現するために試練を降して下さった。光栄なことと思っております。第二次大本事件解決の時、大本の弁護団に賠償要求をやめてくれと、王仁三郎先生はいわれました。私には「木庭さんが勉強できたのは警察のおかげだから、警察に感謝する様に」と、教えられました。私が大本の教えに通暁できたのは、第二次大本事件で警察によって拘置されて、裁判に引き続き十年間従事したためでありました。

窪田　現代の宗教者の課題についてお聞かせください。

木庭　明治維新は大政奉還によって幕開けとなりました。これからの世界維新、世界の救済は、古い言葉でいいますと、神政復古だと、私は思います。すべての宗教者は神の愛と智へ、人々を導く使命を持っています。宇宙根源の神と全人類が握手し、神の子になりきる。宗教者はそのようにするために役目を果たさなくてはなりません。宗教の統一ということです。それが万教同根の理想です。大本では、信仰にもとづいて、昭和二十四年から世界連邦運動にも参加し、神を親とした世界家族実現にむけて協力しています。また、同じ頃から、核兵器反対の運動に教団あげて取り組みました。これらは大正十四年に結成された大本の人類愛善会の運動の一環としての活動です。

窪田　全世界の宗教者が手をつなぐのですね。

木庭　日本人の宗教という考えでは、通用しません。宗教こそ、世界性を持っているんですから。

窪田　インドのガンジー首相の暗殺、アイルランドの新旧キリスト教の紛争など、宗教間の争いがありますが……。

木庭　教義を振りかざすと、ああなりますよ。神の意志へ向かわずに、古いものをもってきてはだめです。大人が幼児の時に着ていた小さなチャンチャンコをむりして着るようなものですから。古いシャツは捨てなければいけません。昔からこうやってきた、いわれてきた、ということでは、これからの時代はやっていけないでしょう。真の宗教界の指導者に奮起をのぞみたいです。

窪田　金光教でも、世界の人民の平和と安らぎを祈っておられますが、万教同根、すべての宗教は、人類が神の家族であることを教えておられるのでしょうね。私的な悩みの解消、個人の幸せというだけにとどまらずに、世界人類を神の宿る、神の分身としていただいていく、広い視野の信心をさせていただきたいと思います。

（資料1）

大八洲神社遷宮式紀事

大正六年は大本に取りて紀念すべき事柄の続出した歳で、神界の準備が漸く大成を告ぐると同時に、次第〳〵に、それが現実となりてあらはれ来り、或は金龍西池、西の岩戸の落成となり、或は貴賓館敷地の整頓となり、其他諸般の建物、又は設備の竣工となったが就中重要なのは金龍界天之岩戸の上なる大八洲神社の造営であった。（省略）かくしていよ〳〵十一月二十九日、午前零時を以て待ちに待たれた遷宮式が挙行せらるゝ運びになった。

思へばげに待遠しかったのは今日の此日であった。国祖国之常立尊が開祖の御身に神懸りされて、三千世界一度に開く梅の花と宣言されてからでも、星霜爰に積んで二十有六、現世界にお仕組をされてからは三千余年、更に其以前に遡れば、遠く歳月を超絶して天地創造の太初に達する長大悠遠の問題である。畏《かしこ》くも此新宮《にいみや》に神集ひに集ひ給ふ神々は、天之御中主大神、高皇産霊大神、神皇産霊大神、天照皇大神、伊邪那岐大神、伊邪那美大神を始め奉り、国祖の太祝詞《ふとのりと》を聞召して天地経綸の神業の大成に預かり玉ふ八百万の天《あめ》と地《くに》との神達にまし／＼、かゝる例《ためし》は天地の創造、神人両界の発生以来実に今日が最初である。下津岩根の高天原、綾部の本宮の霊域に造営された此大八洲神社の鎮祭式が、何とも彼《か》とも千古に亘りて類例なきイの一番の大神事なのである。（省略）

定めの子の刻ともなると、俄然として相図の大鼓の響が、夜半の静粛を破りて金龍殿から起った。式場前面の広場、金龍池辺等には立錐の地なき迄参拝者が集って居る。其間を縫ふて当夜鎮祭式の斎主、衣冠束帯の出口教主を真先きに、他は通常正装の附添、副斎主以下十四名が之に随ひ、兼ねて設けたる大祓の斎場に列席した。（省略）

大祓の式の始まると同時に池畔の一方からは八雲琴がリウ喨として響き出した。池は近し、夜は更けたり、妙音いよ／＼さえて、げに曠古の今宵の盛典にふさはしく、直ちに人を神代の昔に伴ひ去るの感があった。折から頭上には一朶の時雨《しぐれ》の雲がむら／＼と舞ひ来りて、数ふる程の清めの雨滴ハラ／＼と顔を打つと思ふ間もなく、再び元の月夜となった。これは龍神の守護の兆《しるし》の雨であった。

大祓の式が済むと、祭官一同は金龍殿に安置された高御座《たかみくら》を唐櫃のまゝ捧持して、兼ねて設け置きたる艀舟日の出丸に移し奉り、斎主、副斎主之に附添、他の面々は二隻の艀舟に分乗して、先づ金龍界の島々を一巡した。この時も頭上の空のみさッと時雨《しぐれ》て、数点の清めの雨の奇瑞があった。かくて八雲の音《ね》に送られて、船は無事大八洲に横附せられ、唐櫃は恭しく社頭に安置せられた。

斎主、及び斎主附添たる出口家二代、三代父子は外陣に、浅野、梅田副斎主は殿上に、その他祭官一同は階下斎場に、それ〴〵席が定まると共に、篝の火は一時に消された。そして高御座を内陣に安置し奉ると同時に、外陣の扉を鎖して、神聖無比の御神霊《みたま》鎮めの儀式が斎主によりて行はれた。内には扉を通して微かに漏るゝ祝詞の声、外にはさえ亙る八雲の響、折から十四夜の月は時雨の雲を排して皎々として照りに照り亙り、天地、神人真に此時、此境に於て合一の極致に入った。

凡そ半刻の後外陣の扉は再びさッと八文字に左右に開かれ、出口斎主は、音吐朗々として左記の宣詞を八百万の天津神、国津神達に向って宣られた。(省略)

一切の盛儀が滞りなく済み、八雲琴の音も止み、祭官一同静々と艀舟に乗りて大八洲神社の霊域を離れ、天地は再び以前の静粛にかへる折しも、午前四時の暁の空気を破って、一声の雞鳴朗かに天之岩戸の辺《ほとり》から起った。これはこの儀式に用ゐんが為めに湯浅教監をして日頃養はしめた雞が、常夜《とこよ》往く天之岩戸の開くなる今宵《こよい》の盛典の終了を告げたのであった。平生大本に住んで日々夜々に起る所の霊的現象に親んで居る者も、此奇瑞には覚えず感歎の声を禁ずる事が出来なかった。尚ほ當夜の祭典に奉仕した人々の役割姓名は左の通りであった。

八雲琴係　出口千剣破子　青根ふさ子　近松綾瀬子　豊本八重子
指 導 者　星田悦子　福本まき子

（『神霊界』大正七年一月号）

（資料2）

霊界物語

一　八雲の小琴の　しらべにまかせ
うたはせたまへ　みろくの神よ。

二　つばさをやすらふ　夕べにあれば
神にぞゆだねむ　けふ為せしわざを。

三　すべてのものの　いろもすがたも
かくれてぞゆく　夜は来にけり。

四　つねに勤むる　わが良きわざも
世には知らさず　かくしたまひぬ。

五　日かげは西に　田人は家に
かへるゆふべこそ　心しづかなれ。

六　神のよさしの　わざをはりなば

あまつみくにに　　いこはせたまへ。

（第六十巻第三篇十二章「神の栄光」第五）

一　うつりかはるよにしあれど
うごかぬはみくに
あふぎうたはむ友よ来たれ
とこしなへのうたを
とこしなへのうたを
あふぎうたはむ友よ来たれ
とこしなへのみうた。

二　おきておもひふして夢み
あまつ神のもとに
花咲きにほふすがた見ゆ
かすみは日に月に
かげもなく消えて
花のかをるすがたきよく
かすみは日に晴れて。

三　あくに勝てるいくさびとの

言霊《ことたま》の風流《みやび》
火口《ひぐち》そろへ進みつつも
月かげを力とし
よせきたる浪わけて
たかまのはら昇りてゆく
うづみのりみこあゆむ。

四　八雲小琴搔き鳴らして
いづのうたうたひ
いづの御霊《みたま》みづ御魂《みたま》
こころなぐさまひつつ
きよきしらべささぐ
神ののりのまめひとらが
いづの御前にふして。

（同、第四十七）

一　黄金白銀《こがねしろがね》　山なすとても
いかで求めむ　さびゆく宝ぞ
霊魂の行衛《ゆくえ》　天津御国《あまつみくに》

栄え久しき　うづの住居
かみわがたま　あまつくにの
いのちのそのに　みちびきませ。

二
山とつみてし　わが身のつみ
はらひきよませ　霊幸《たまさち》はひて
よろこび充てる　神の座《くら》へ
あめ地《つち》ももの　神のつかひ
よさしのまま　わがみたまを
めぐませたまへ　すくひの救主《きみ》。

三
八雲の琴の　珍《うず》の音色
ひびき渡れり　神の庭に
草木も露の　玉をかざし
神のみさかえ　祝ひまつる
木の葉青く　花はあかく
竜の宮居《みやい》の　うるはしさよ。

（同、第四十八）

一
神の御栄光《みさかえ》御功績《みいさお》は　高く広けく限りなし

黄金《こがね》の琴をかきならし　天津御使《あまつつかい》と相共に
うたひ調べを競はまし

二　天地百《あめつちもも》の罪人を　生かせたまひし瑞御霊《みずみたま》
千座《ちくら》の置戸《おきど》のいさをしを　八雲の小琴をかき鳴して
天津使《あまつつかい》と相共に　心の限りうたはまし

三　まことに充ちて御恵みの　溢るる貴美《きみ》を言の葉の
かぎりを尽し御さかえを　天津使と相共に
小琴に合せてうたはまし

四　清めの主によろこびて　見ゆる目《まみ》こそ近づきぬ
限りも知らぬ幸はひを　授けたまへる嬉しさを
八雲の小琴に合せつつ　調べも清くうたはまし

（第六十一巻第三篇第十一章「神浪」第百四）

（資料3）

いろは歌　「す」の歌

すみきりし国常立《くにとこたち》の大神の、神勅《みこと》畏《かし》こみ謹《つつ》しみて、明治の二五年より、一つの心に仕へたる、教御祖《おしえみおや》の神教《みおしえ》に、服《まつ》ろひ尽す真人《まなひと》が、幽《かげ》より顕《おも》に懸巻《かけまく》も、恐《かし》こき神の造らしゝ、御国の汚《けが》れ清めむと、二十年《はたとせ》余りて言霊《ことたま》の、学びに心砕きつゝ、息良放両火脹與血濁緯濁縦《いろはにほへとちりぬるを》、輪搦與玉濁水火続根《わかよたれそつね》凝濁水渦巻《ならむ》、浮水火清水起降文向差別吹凝胞衣発《うゐのおくやまけふこえて》、空水割別和回月始搦回日諸瀬洲《あさきゆめみしゑひもせす》、京の都の九《ここの》重《え》の、花咲く春を松の代に、四十余八文字《よそまりやもじ》の生御魂《いくみたま》、揃へて四方《よも》の国々を、ミロクの御代《みよ》に進めむと、尽す日本《やまと》の雄心《おごころ》は、一つに成て金龍《きんりゅう》の、生島々《いくしまじま》の神社《かむやしろ》、中にも別けて大八洲《おおやしま》、天《あま》の岩戸《いわと》の頂《いただ》きに、真木《まき》の柱の弥《いや》高く、梅の薫りの芳ばしく、小松林《こまつばやし》の弥繁《いやしげ》く、秋の紅葉の錦織《にしきお》り、澄渡りたる十四夜《いざよい》の、月に心を照しつゝ、神霊鎮《みたましずめ》座の大祭典《まつりごと》、秋の田の面《も》に稔《みの》りたる、千五百《ちいお》の秋の八《や》束穂《つかほ》や、山海河野種々《やまうみかわぬくさぐさ》の、御饌《みけ》献《たてまつ》り一向《ひたすら》に、今日の生日《いくひ》を祝ひつゝ、八雲の琴の音も清く、天《あめ》に座神国《ますかみくに》つ神《かみ》、千五百万《ちいおよろず》の神等《かみたち》も、集り坐《ま》して賑敷《にぎわしく》、御祭り終へし勲功《いさおし》は、世の大本に信従《まつろい》し、清き身魂《みたま》の撓《たゆ》み無く、道に尽せし報ひぞと、代々《よよ》に伝へて芳ばしく、咲哉木《さくやこ》の花《はな》春の空、時代《みよ》の栄へも弥《いや》広く、誉《ほまれ》も龍《たつ》の宮《みや》の棟《むね》、十曜《とよう》の紋のキラ〳〵と、月日に照りて照妙《てるたえ》の、綾部に錦飾る世を、松間《まつま》の長き鶴の首、亀の齢《よわい》の万世《よろずよ》の、固めの基と素盞鳴《すさのお》の、須賀の新宮八雲立《にいみややくもたつ》、出雲八重垣《いずもやえがき》妻《つま》ごみに、八重垣造る八重垣を、瑞穂《みずほ》の国の中国《なかくに》の、天皇《すめらみこと》の大稜威《おおみいず》、四方《よも》に轟く八雲琴、其音も清く澄渡り、天地四方《あめつちよも》に響きけり。

（資料4）

明光漫語

出口王仁三郎著

一、一絃琴に就て

琴の始りは一絃琴である。これは素盞鳴《すさのお》の尊《みこと》様が肥の川上で大蛇を退治され、須賀の宮を御造営になり国事に奔走され日夜いたく御心労あそばされ、実に見る目もおいたわしく、数多の神々は何うかして尊の御心をお慰めしようと焦慮してゐた。

中にも后であらせられた櫛名田姫《くしなだひめ》の御心痛は一方ならず、或る時素尊が日頃御愛用の弓をおとりになり細い木切れで弓弦をこすられたところが、いとも妙なる音が流れ出て今迄お沈みがちな尊は大変お喜びになり自ら弓をとられお弾きになられた。

それから欅の枯枝などを折って、それに弓の弦を張って弾く様になった。是が一絃琴の始りである。八雲琴と云ふ名も此処から出てゐるのである。

最初は一絃であったが二絃、三絃となり、十三絃、二十三絃と今の琴や、三味線の様なものまで出来たのである。

琴も天地神明を和むるものである。

琴といふ言霊を解釈するに、非常な清らかな澄みきった言霊によく似てゐる、言霊を調節する機具と云ふところから「コト」と称するのである。今度やってゐる神聖歌劇も言霊劇であるから琴をつかふのである。

二、歌舞伎とは

今頃やってゐる歌舞伎は、あれは歌舞伎ではない。真実の歌舞伎は、歌と舞があってこそ歌舞伎と云はれるのであって此頃の歌舞伎は、時代の言語を使用し歌ではない。所作はするがあれは舞ではない。

今度の神聖歌劇は『歌と舞』で出来てゐるから真実の歌舞伎と云へるだらう。
今の歌舞伎は俗踊芝居とでも云った方があたってゐる。
歌舞伎の始りは天の岩戸開きの際に宇豆売《うずめ》の命《みこと》が天の数歌を歌ひ舞はれたのが最初である。

（資料5）

歌祭に就いて

出口王仁三郎

歌祭といふことに就いて一言申上ます。日本の和歌の道、即ち敷島の道の はじまりといふのは、素盞嗚尊が出雲の簸の川の川上で八岐の大蛇を退治されて、ほッと一息おつきなされた、その時に、お祝ひとして詠まれた歌が

八雲立つ出雲八重垣つまごみに
　八重垣作るその八重垣を

の歌であります。

此の御歌の意味は言霊によって解釈すると、「出雲八重垣」の「出雲」といふのは「いづくも」のこと、「どこの国も」といふことでありますが、つまり、大蛇は退治したけれども、まだ世界各国には八重垣が築かれ、そして八雲が立ち昇ってゐる。「八雲」と云ふのは「いやくも」といふことである――。それで、この「いやくも」をすっかり払わねばならぬし、また、此の垣も払はねばならぬ。

今日も「八重垣」は沢山あります。日本の物を外国に持って行かうと思へば、「税関」といふ

八重垣が出来て居る。「つまごみに」といふのは、—日本の国は「秀妻の国」といふのである—日本の国も亦一緒になって八重垣を作ってゐるといふことであって、これは世界万民が一つになって、一天、一地、一君の政治にならなくては此の八重垣は取払はれないのであり、「八雲」を払ひ、「八重垣」を取払って、はじめて一天、一地、一君の世界になるのであります。

これが一つの意味でありますがもう一つの意味があります。神様がお鎮りになってゐるその神様を中心として「八重垣」を築く、その「八重垣」は「瑞垣」といふ意味になり、外から悪魔が這入れない、此処では神様を守る「ひもろぎ」となるのであります。

悪い方から言へば、最前言うたやうに、そこら中に垣を拵へて、自分の国に都合の宜いやうに垣作りをする。これは他から這入れない八重垣でありまして、今日の蘇満国境あたりは、此の八重垣をどちらからも作ってゐる。また、別の意味では、天皇陛下のあらせらるる宮城のやうに幾重にも「垣」をして御守護申上るのも八重垣を作ることで、此処では非常に尊いお方の守護の垣となるのであります。

八重雲（八雲）も、幾重にも紫雲が靉靆いてゐる意味にもなるし、又、真黒な雲が二重にも三重にも包囲してゐるといふ意味にもなるのであります。

それで、この歌は、「八重垣作るその八重垣を」で切れてゐて、あとがまだ残ってゐるのであります。内外をとはず悪い、「その八重垣を」今度は取払はねばならぬといふことを残して、「を」の字でをさまってゐるのであります。

仍て、仁徳天皇の御宇迄の古典を調べますと、「歌垣に立つ」といふことが、時々見当るのであります。「何々の皇子歌垣に立たせ給ふて詠ひ給はく……」とある。

「歌垣」といふのは、歌を書いて、それを垣にしてあるもので、今日のこれ（歌垣を示され）がそれであります。それで歌祭といふのは、この歌垣を中心として、自分の村々で年に一遍づつ行ったのであります。さうして、平素からの村人間の怨み、妬み、又は一家のもめごと、夫婦喧嘩とか、さうした村内に於ける今迄のいざこざを、この歌祭によって、神様の御心でなごめると共に、村人の心持をも和め、一切の罪悪を払うて了ふ、つまり八重雲を払うて了ふといふ平和な祭であります。

その祭によって総てが流れ、河で尻を洗ふたやうに綺麗になるのであります。

また、若き男女に致しましても昔は自由結婚でありました。

それで、歌祭の時に、一方の男から思ふ女に歌ひかける、それが嫌だったら女は歌ひ返さない、此の人と思ったら歌ひ返すのであります。此の言霊といふことは、「真言」とも書くのであって、真言といふことは、言ふた事は一切違へないといふことであります。つまり一切嘘は言はないことが真言であり、言霊であります。――一言云へばそれは違へさせられない。それで、一度、歌によって歌を返したならば其女は一生涯その人の妻になったことになったのであります。その場所で一言言ふたら、それで一切は決ったものであります。又今迄のいざこざも、歌祭に列して歌を献上した以上はそれですっくりと流れたのであります。

しかしながら、此の歌祭も、源頼朝が鎌倉に幕府を開き武家の世になってからは、絶えてしまって、宮中に歌会が残ってゐた位なものであったのであります。

それから、あの定家卿がはじめて小倉山の二尊院といふ処で歌祭をされた。その時には故人の歌も新しい人の歌も集めて其中から百首選んだのが百人一首となったのであります。

しかし、定家卿のやられたのは山城の国の小倉山といふ小暗い山であったが、今日の歌祭は、明光殿といふ、明かに光ってゐる御殿で、処も花明山といふ明かな山であります。此の花明山の明光殿において歌祭が行はれたのでありますからすべて会員及び皇大神を奉斎する諸氏は、今日限り、如何なるもつれがあっても何があっても、此の祭に列した以上は、すっかり河に流さんと、神様の御神罰があたることになって居るのであります。

私は、古典の中に「歌垣の中に立たせ給ふ」と沢山ある事に就いて、何処の国学者に聞いても判らなかったのでありますが、その時に、今日はもう故人になられましたけれども、私の二十三才の時に歌をはじめて教へて呉れました岡田惟平翁といふ国学者があったのであります。その人に、歌垣の作り方から、具さに、斯ういふ工合にして祭り、又、斯ういふ歴史があるものだと聞かされたのであります。

其後一遍どうかして歌祭をしたいと思って居りましたが本日此処に目出度行ふことが出来ました。此の集った歌の中から百人一首を拵へる考へであります。一回では迚も百人一首は出来ないから、年を重ねて百人一首を作り、後世に残る、小倉山百人一首ではなくて花明山百人一首を拵へたいと思ってゐるのであります。

それから今、弓太鼓をトン〳〵と叩きましたが、これは、素盞嗚尊が須賀宮にお入りになって、此の大海原、即ち地上世界を全部治めらるる処の責任を伊邪那岐尊からお任せになられたに就いて、非常に御心労遊ばしたのであります。

朝鮮や、出雲の方は平定したが更に八十国の雲霧を払ひ、八重垣を取払ふには、どうしたら宜からう、大抵の事ではない、と心配に沈んで、腕を組んで、うつむいて居られる時に櫛稲田姫、弓を桶にくゝり付けて、それをポン〳〵と叩かれた、それが弓太鼓の濫觴である。その音を聞いて素盞嗚尊は心を和めて、さうして「八雲立つ……」の御歌が出来たのであります。その音を聞いて非常に勇ましい御心になり、御喜びになられた時に「八雲立つ……」と出たのであります。

それが、後には一絃琴になり、二絃琴になり、八雲琴になり、今日の沢山絃のある琴が出来たのであります。更に、右と左に侍女神が居りましたが、これは手撫槌と足撫槌になぞらへて両傍に二人居ったのであります。しかし本当の手撫槌、足撫槌は、こんな若い人ではない、本当はお爺さんとお婆さんであるけれども、吾々は更生せねばならぬので、爺さん婆さんではいかんから若い人に坐って貰ふたのであります。

弓をポン〳〵鳴らしたのは櫛稲田姫の代りであります。

私の話は是れで終りと致します。

（資料6）

歌祭献詠歌

大出口旺仁三郎（王）

八雲立つ出雲の歌を詠まれたる神の御祭行ふ今日かな

遠き近き歌人たちの集りて明光殿に歌祭すも

千早振る神代は正に巡りきて昔の敷島よみがへりける
しきしまの道の尊さ知る人の今日の祭の華かなるかも
千早振神代に素尊おはさずば敷島の道は開けざるらむ
天地の神の心を勇ますも皆しきしまの歌の稜威なり
曲神も正しき歌の言霊に煙となりて消え失するなり
歌よめば心の雲も晴れゆきてこの世楽しく栄ゆるものなり
明光を見むと思へば敷島の道あゆむこそ誠なりけり
常闇の世に明光の道なくば人は残らず鬼となるべし
石の上古き昔の御手振りを清くうつせる歌祭かな
八雲立つ出雲の歌の御心を悟りて吾は道につくすも
昔より中絶したる歌まつり起して御代を照さむと思ふ
皇神の日々の守りに明光の歌いやますに進みゆくなり
日の本の民と生れし神子こそは並べて和歌をば詠むべかりける
敷島の歌に親しむ心あれば罪わざはひもおのづ消えゆく
しきしまの歌に賑はふ花明山の明光殿の華かなるかも
をちこちの国の歌人あつまりて歌の祭に仕ふる清しさ
敷島の歌よむ人ぞ日の本の神の御子たる品を持つなり
歌よまぬ人の心は何となく朝た夕べの淋しきものなり

神代より清く伝はる敷島の道ふみて行く歌人愛しも
外国の振りに習はぬ敷島の歌こそ日本の宝なりけり
昔より幾十万首の歌あれど八雲の調べに優るものなし
素盞嗚の神の御歌の調べこそ生言霊の鏡なりけり
素盞嗚の神の御歌のなかりせば敷島の道伝はらざるべし
素盞嗚の神の御あとを慕ひつつ吾が明光は歌をひろむる
敷島の道ふみわけて十年に満つる今日こそ歌祭すも
昔より歌よむ人は沢あれど神に叶へる歌人すくなし
願はくば神の守りの深くして千代に明光栄えさせ給へ
すたれたる歌の祭を起したる今日の生日は目出度かりけり
秋高き明光殿の歌祭出雲の神のいさをし思ふ
天地にわだかまり居る八岐大蛇きためし神は歌の祖なり
国々の八重の垣根を打ち払ひ神代を開かす瑞の大神
日の本の昔の御代の国風に今立直す歌祭かな

（注１）国武彦命は戦争の予言を指す。国常立尊は艮の金神の本名にあたり、地の弥勒といわれる。稚姫君命は出口なお開祖の魂、法身の弥勒は出口なお開祖の分担する神業を指す。
（注２）小松林命は発展の予言を指し、人の弥勒といわれる。須佐之男命は発展の基礎、素地づくりを行

い、豊雲野尊は坤の金神の本名にあたる。天の弥勒といわれる。応身の弥勒は出口王仁三郎教祖の分担する神業を指す。大本では、開祖は経糸、教祖は緯糸の働きをするといわれる。

第三章　出雲の神々と琴の音

一、出雲大社と八雲琴

悠久の世界――大国主大神《おおくにぬしのおおかみ》の御神徳をいただかんと祈った求道者、中山琴主が十七歳の文政三年（一八二〇）十月、天日隅宮《あめのひすみのみや》で御神意を得て二絃の八雲琴を創案した。眼病の治癒を感謝して参籠中の出来事と伝えられる。

琴主の事蹟を求めて、私は昭和六十年の二月中旬、出雲大社を訪ねた。午前八時前、壮大なたたずまいと手がかじかむ寒さが身をきりりと引き締める。拝殿で参拝した後、通りかかった緋の袴と白い上衣の巫女さんに、かねて連絡ずみの出雲大社禰宜《ねぎ》で庶務部長の原好正氏に案内を乞うた。

しんと静まりかえった境内とは対照的に、庁舎には既に職員が詰めており、熱っぽい雰囲気に包まれている。原部長は

「大社には、中山琴主に関するこれという資料は見当たりませんが、できるだけのご協力はしましょう」

と協力的だった。

間もなく、宝物殿の春日袒一郎氏の案内で、同殿所蔵の琴主ゆかりの品々を見た。琴主の銘の入った八雲琴は、竹の節目を細工で擬した木製のもので、現在使用されている八雲琴と同じ構造

中山琴主奉納の『八雲琴譜』（出雲大社所蔵）

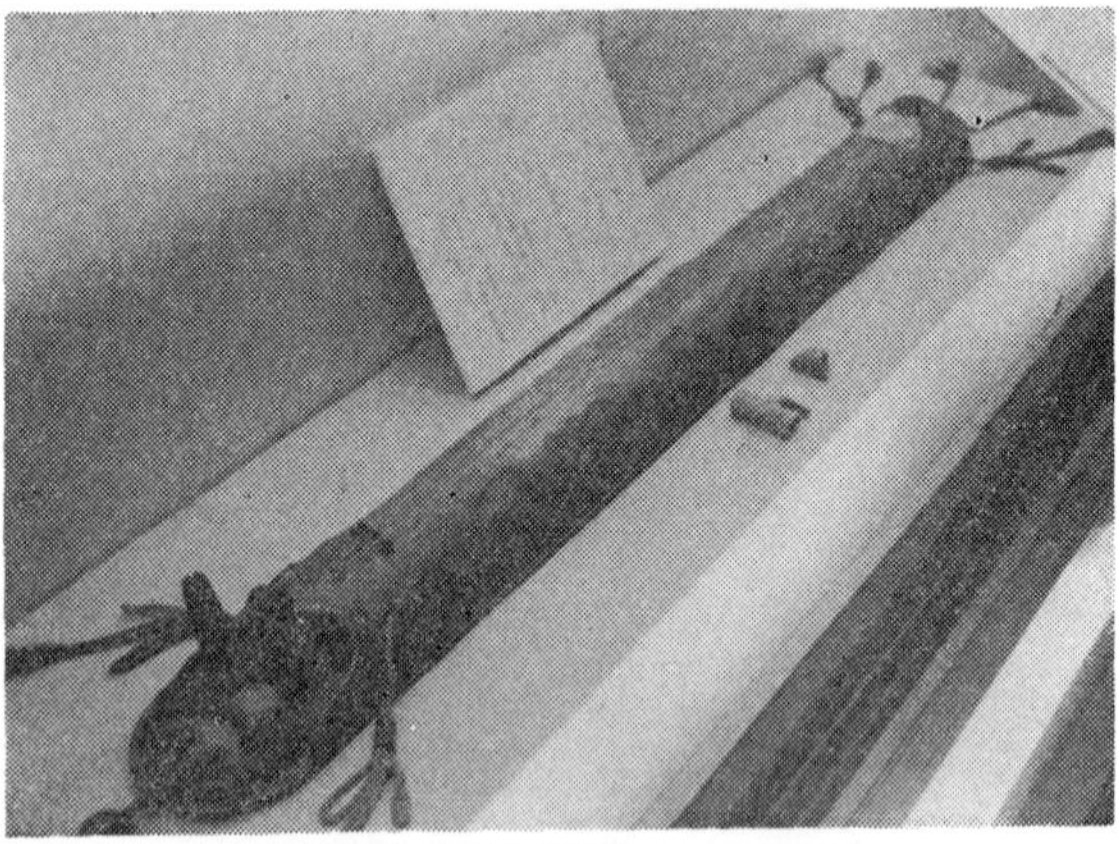

中山琴主奉納の八雲琴（出雲大社所蔵）

だ。陳列されている琴主に関する宝物はこの一点のみだが、所蔵の中に八雲琴数面、『八雲琴譜』数冊があった。

『八雲琴譜』が納められてあった木箱のふたの表に、

「天日隅宮奉納八雲琹　安政七庚申三月之吉」

裏には
「取次　平岡松喜代千足」

箱の底に中山琴主と墨書されている。同じ箱の中に、第八十代出雲国造千家尊福《こくそうせんげたかとみ》作とみられる「八雲琴歌詞」が、一枚の和紙にさりげなくしたためられてあった。それは次のようなものである。

神伝八雲琴
御垣の〆
千家尊福

御垣の〆の一筋に
心を磨き身を修め
進みゆく世の末かけて

村田友琴

国の光をいや添へん
御前の鏡まさやかに
我等がしわざをみそなわし
昔ながらの国民の
誠を神も知ろし召せ

また、彰古館の陳列ケースの中に、中山琴主七十四歳、村田友琴《ともごと》五十二歳の写真を見ることができた。琴主は晩年京都深草に住み、村田に家元二世を認可し、村田は大本教団の田中緒琴《おごと》に芸統を継ぐことになる。

中山琴主の写真の裏面には、次のように墨書されている。

「神伝八雲琴元祖　中山老士寿永先生

七十四歳　明治九年子九月十一日写之」

村田友琴の写真の裏面にも墨筆で、友琴略歴が記されている。

「明治三年三月入門　同六年七月元祖入門　同八年五月琴譜購入皆伝　同九年十月皆伝秘書授　同十一年十月家元預り　同十三年十月家元受次　同十六年十月元祖遺物、秘書版権悉皆申受、永別　五十二歳　寿像村田友琹」

これは、後半生に入った氏が個人の記念として撮ったものか。

いまでは出雲大社のあらゆる神事から八雲琴は消え、習う社家もいない。僅かに出雲大社教立教百周年記念祭の催しの一つとして、昭和五十七年七月八日、神楽殿で出雲唯一の八雲琴伝承グループ「雙絃会《そうげんかい》」によって大社曲が奉納演奏されたくらいである。

出雲大社では、年間七十余の祭事が催され、演奏楽器は出雲独特の七つ穴の横笛（普通六つ）と太鼓である。神職が潔斎場《けっさいじょう》から祭場へ進む入申《いりもうす》で、御本殿の神饌の際に出雲大社だけで演奏される内殿神楽、拝殿や外斎などで演じられる神能、恒例祭での巫女神楽があり、いずれもが笛と太鼓に依る。

大社では明治四年まで、神門郡内に祭田を持った伶人十六人がいて、雅楽を神事に演奏していた。楽名は「胡飲酒《こんじゅ》」「酒胡子《しゅこし》」「武徳楽《ぶとくらく》」「延喜楽《えんぎらく》」「登天楽《とうてんらく》」「五常楽《ごしょうらく》」「越天楽《えてんらく》」など四十一曲とされ、雅楽装束が保存されている。

やがて、雅楽や八雲琴が祭典から遠ざけられ、神楽一本に絞られる時代へと移っていく。

二、平岡家と中山琴主

宝物殿所蔵の木箱の裏に記された平岡家とは、前権宮司の七十三代当主平岡松彦氏に引き継がれている。出雲大社からの連絡で、平岡家と中山琴主とのつながりを聞くことができた。

「国学者鈴木重胤《すずきしげたね》が安政五年五月十三日に七十代当主の平岡雅足《ひらおかまさたる》の家に泊まった際に、別宿をとっていた琴主も訪ねてきています。二人は十七日まで連れ立って稲佐浜《いなさのはま》や素鵞川《すががわ》で身を清めて参拝しています」

鈴木重胤は平田篤胤《ひらたあつたね》の門下で、敬神思想が篤く、皇典講究の傍ら、神世の事歴を実地に調査して執筆論究する実証主義の立場をとり、各地を周遊した。代表的な著作に『祝詞講義』『日本書紀伝』がある。

稲佐浜とは、『古事記』に出てくる伊那佐浜である。天照大神の命を受けて、建御雷神が天鳥船神とともにやってきて、十拳剣《とつかつるぎ》を逆《さかしま》に浪の穂に刺し立て、その剣の先にあぐらをかいて、大国主大神を相手に国譲りの問答をしたという。

「当時の屋敷は私の生家で、現在の住居より東南へ二百五十メートルの素鵞川沿いにありました。屋敷の跡地が野外音楽堂になっています。神楽が舞えるくらいの大きな家で二十六部屋あり、大掃除で畳をたたくのに三日かかったといわれます。大社の社家で文学者の中臣正蔭、同社家佐草文清もやってきて、歌会をしたり、琴主が八雲琴を奏したり、一杯やったりして遊んでいます。中臣、佐草は『八雲琴譜』の序、後書きを記しています。

当時、千家俊信という人がいました。七十八代国造の尊孫《たかひこ》の子息で、『八雲琴譜』の序を書いた尊澄《たかすみ》の弟にあたります。本居宣長《もとおりのりなが》の高弟で杵築文学の中心的存在でしたので、鈴木重胤や中山琴主が来ると、とても歓待したのです。鈴木重胤は国造家から呼ばれて延喜式などの講釈をしています。琴主や中臣も同伴しています。国造とか、箏曲家という身分を超えた当時の文化人の交遊が偲ばれますね」

『八雲琴譜』に収録された国造の歌を掲げてみよう。

琴《こと》の御霊《みたま》　　国造尊孫宿禰

八色《やいろ》の雲の立つを見て作らせりけん御言葉《みことば》の三十文字《みそもじ》あまり一文字《ひともじ》に

子供に恵まれなかった琴主は、国造のお声がかりで、出雲大社の社家加藤昌晨《まさあきら》の次男多利穂《たりほ》（幼名・仲之介）を養子にしている。だが、多利穂は八雲琴をたしなまず、加藤家は絶えて、今では屋敷跡に「ますや」旅館が建っている。

また、琴主の盲人説について、平岡氏は、出雲地方に残されている多くの琴主直筆の短冊から否定する。平岡家に残る琴主の歌を一部紹介しよう。

この琴は人に聞かせず大神に手向けて御世を安く祈らん／政ふるきにかえる君が代の栄を祈りひく八雲琴／二ッ絃の八雲の琴にちはやふる神世のしらべ伝わりにけり／八雲立つ出雲の琴の音にかよう松吹く風も千代よほうなり／いとの音のすがすがしきは八雲立つ出雲の琴にしくものぞなき

平岡家の座敷に、墨書を納めた額がかけられてある。天日隅宮が、安政五年（一八五八）二月二十日、平岡雅足に発行した神職の裁許状である。

雅足は幼名松喜代といった。木箱に記されていた奉納取次者である。身分は権検校とされ、神事に臨む装束について申し渡している。検校は国造を指すので、権検校とは国造に次ぐ身分である。出雲大社には上官《じょうがん》が七軒あり、権検校はその筆頭で、出雲姓を名乗ることを許された大社きっての名門であった。

当時としては、俗世の新しい一楽器にすぎなかった八雲琴が、天日隅宮という独立文化圏の中で強い支持を受けていた理由は何であろうか。

「出雲大社の御師《おし》の布教活動で、八雲琴が大きな役割を果たしたと思われます。諸国を巡って大国主大神の御神徳を説くかたわら、神歌を爪弾いたのでしょう」

と、平岡氏は語る。

八雲琴は幕末から明治にかけて爆発的に広まり、千家尊福の時代にピークを迎える。次に、八雲琴が深くかかわったとみられる出雲大社の布教状況に触れてみよう。

千家尊福は、明治六年一月、出雲大社敬神講《けいしんこう》を結成した。現在の出雲大社教の前身であり、出雲大社のご祭神の大国主大神の御神徳を主眼とした布教活動を行い、また自身は神祇省大教院教導職最高の大教正、西部管長を歴任し、政界にあっては司法大臣に就任した。

敬神講をさらに発展させた神道大社派の立教までの経緯を見ると、その発端は、千家尊福と神道事務局との間に生じた祭神論争に遡る。明治八年神道事務局が設けられた際、田中頼庸《よりつね》伊勢神宮大宮司を始めとする神道事務局側は、造化三神と天照大神を奉斎神とした。千家は、出雲大社の祭神大国主大神の合祀を主張し、田中大宮司との間に激しい紛争が生じた。

明治十四年二月に勅命が下って一応収まったが、千家は大国主大神を奉ずるうえで独自の布教態勢の必要を痛感し、明治十五年五月、神道事務局から独立して神道大社派を立教し、初代管長に就いた。国造の座を弟の千家尊紀《たかのり》に譲っての、不退転の決意であった。

教えの根本精神は、大国主大神を信仰し、生死を超えた命の生き通しを説き、和譲をもととした経国治幽（国の経営と魂の安寧）、敬神崇祖の具現化にあった。それが蒼生《そうせい》の救済、国家の安泰、皇基の隆盛の道とされる。

幕末から明治にかけて、民衆の俗信を土壌として発生した天理、金光など新しい宗教と歩みを一にして布教に挺身したところに、開明性を窺うことができよう。官製の『古事記』、『日本書紀』に対して『出雲風土記』を掲げ、出雲の神々、出雲の精神を継承してきた歴史的独自性がここにも感じられてならない。八雲琴の普及は、出雲大社の信仰と開明性に負うところが大きいとはいえないだろうか。

大社の信者たちは、厳冬の夜、白衣をつけて稲佐浜で禊《みそぎ》をする。霊感、おかげを受けようとする人々は、浜の砂を両手でぎゅっと握りしめて海に祈る。先導の教師がちょうちんを掲げて、進め、止まれの合図をする。夜のしじまを破って、数百人もの足音だけがしゃっ、しゃっと聞こえてくる無言の行である。

三、出雲の神々と八雲琴

出雲の神々の世界と中山琴主の八雲琴とは、どのようなかかわりを持つのか。その神々の御心を、どのようにお慰めするというのだろうか。神話の世界から偲んでみよう。

出雲大社の御祭神は大国主大神である。大国主大神は須佐之男命《すさのおのみこと》の御子神とされ、異母兄弟の八十神《やそがみ》達から迫害を受けたり、父の須佐之男命から数々の試練を受ける、いわば最も人間臭い神だ。「稲羽の素兎」の説話に登場し、慈悲深い神さまとして最も親しまれている。

大国主大神の神話のクライマックスは、根の国から須勢理毘売《すせりびめ》を連れて逃げ出すくだりである。根の国とこの世との境黄泉比良坂《よもつひらさか》まで須佐之男命は追いかけてくるが、この国境は越えられぬものらしい。遁走する大国主大神に悪態とも、激励ともつかぬはなむけの言葉を叫ばざるを得ない。その点、大国主大神と須勢理毘売は根の国からこの世へ戻ることができる超能力を持っている。このあたりにも、出雲の神話をめぐる主役の交代が行われている。

黄泉比良坂といえば、伊弉諾尊が隠世《かくりよ》で伊弉冉尊の恐ろし気な姿を見てしまい、伊弉冉尊から追いかけられて、からくもこの世へ逃げ込んだ同じ坂である。日本の神話の世界では、高天原と

出雲大社

いう神の世を語るためには、その裏の世界、黄泉《よみ》の世もまた神の世として語らずにはすまされない構図を持っている。

須佐之男命は神話の世界では、根の国に封じ込まれた。大国主大神もまた、国譲りの後に幽冥の神となり、父神と同じ運命を辿ることになるのだが、国造りの神として民衆から末長く敬われるところが、出雲をめぐる神話の最大モチーフであろう。

「その汝が持てる生大刀、生弓矢を以て、汝が庶兄弟《ままあにおと》どもをば、坂の御尾《みお》に追い伏せ、また河の瀬に追い撥いて、おれ大国主神となり、また宇都《うつ》志国玉神《しくにたまのかみ》となりて、その我が女《むすめ》須勢理毘売を嫡妻《むかいめ》として、宇迦《うか》の山の山本に、底津石根《そこついわね》に宮柱ふとしり、高天原《たかまがはら》に氷椽《ひぎ》たかしりて居れ、是奴よ」

（『古事記』）

と、のたもうたのである。

私はここで伊弉諾尊《いざなぎのみこと》、伊弉冉尊《いざなみのみこと》が下界に御臨降となり、天の御柱を巡って男女の情愛の雛形をお示しになったという神話と非常に類似した物語性を感じる。天の御柱が、人間の誕生の原形であるなら、大国主大神の根の国から葦原中国《あしはらのなかつくに》への帰還は国造りの原形である。

大国主大神は忍耐と慈悲の精神をもって、国造りに励まれる。『出雲大社由緒略記』によると、

「生大刀、生弓矢を執って邪神を追い払い、自ら鉏《すき》や鍬を執って荒れ果てた未開の山野を開拓して、人々に農耕の方法を教え、又、人々が最も悩み苦しむ病気やその他の災厄からのがれるためには、医薬、まじないの法を授け、温泉を創めるなどして、人々の生活が豊かになるようにお導きになった」

と、まことに理想的な御姿を描いている。人間像としても期待される神さまは、社の中に神霊として祀られるのみを潔しとせず、人間の姿を借りて霊力を発揮し始める。では、どのような手続きでそうなされたのであろうか。

大国主大神が、天孫《てんそん》瓊瓊杵尊《ににぎのみこと》に国譲りをされたことで、天照大神《あまてらすおおみかみ》はその至誠を賞でられて、大国主大神のために多芸志《たぎし》の小汀《おばま》（現在の御社地）に宮殿を造らせたもうた。そして、天照大神の第二の御子、天穂日命《あまのほひのみこと》にその祭司をお任せになった。天穂日命の子孫が代々の出雲国造《こくそう》である。天穂日命の霊を受け継いでいる国造は人間と神という二面性を持つことで、幽冥の大国主大神と

この豊葦原中津国《とよあしはらのなかつくに》の民との間の仲介の役割を務める。即ち、大国主大神《おおくにぬしのおおかみ》をお祀りすることで民の願いをお届け申し上げ、大神にお仕えすることで大神の御敬愛、神の御意志を民にいただくという幽冥界とこの世のパイプ役である。民の願いを祈る時は祭司として、大国主大神の御敬愛を賜る時は天穂日命そのもの、即ち神となって、大国主大神が霊力を下し賜ることを民に告げるのである。大国主大神の取次者としての役割が、実は出雲国造と出雲大社にとって最も重要な意味を持つ。

言葉を換えていうならば、その重要性は日本人が神話の世界を人間の世界の創造につながる母体として捉え、神々の末裔である青人草《あおひとくさ》という神国の系譜を信仰するところから生じてくる。

大国主大神の最大の特長は、伊那佐浜で建御雷神《たけみかずちのかみ》から国譲りの談判を受け、瓊瓊杵尊に国を譲って、自らは幽冥の主宰神となられたことである。皇孫の流れ、即ち天皇を中心とした皇室の神格付けがされたわけで、大国主大神はこの世の天皇の支配し給う豊葦原瑞穂国《とよあしはらのみずほのくに》の安寧を幽冥界から守護し給うことになる。ここでも主役の交代がなされ、須佐之男命が根の国へ封じ込められ、神話の主役を大国主大神に譲り給うたのと、同じ物語の構成が繰り返されたことになる。

だが、大国主大神が瓊瓊杵尊に国を譲らせ給うたあたりから、神話の世界から史実の世界へと、ちょうど須佐之男命の根の国から大国主大神の葦原中国への切り替えが黄泉比良坂《よもつひらさか》のところで行われたように、がらりと暗転するのである。

大国主大神の謙譲の美徳を称え給うた天照大神が、御子神天穂日命に大国主大神の祭祀をお任せになったことで、それまでの神話の中の神々の世界が史実にまで展開することになる。大国主大神は幽冥の主宰神であり、現世の神ではない。では現世を支配し給う神は、いずこにおわしますのか。大国主大神をお祀りする天穂日命の御霊を継承する出雲国造と、瓊瓊杵尊の神格を継承するところの天皇である。前者は幽冥界の神、大国主大神、須佐之男命、伊弉冉尊の神格であり、後者は瓊瓊杵尊、天照大神、伊弉諾尊といった高天原の神々につながっていくのである。

高天原系の神々と根の国系の神々は、それまでの神話の展開にみられたような天照大神と須佐之男命、大国主大神と須佐之男命といった敵対する在り方ではなしに、大国主大神を国造りの神として出雲大社にお祀りすることで、和合がなされている。従って、出雲大社は、隠世《かくりよ》と現世《うつしよ》の接点にあり、両世界の神々の融和を図り、バランスをとりもつ仲介をなす祀り場といえる。大国主大神をお祀りする背景には、須佐之男命が控えており、大国主大神と須佐之男命は、たえず、祀り場では同じ世界、幽冥界の祈りの対象なのである。

このように考えてくると、中山琴主が大国主大神をお祀りする天日隅宮で須佐之男命の「八雲立つ」の歌とともに二絃琴を創案し、その琴を八雲琴と命名し、天《あめ》の詔琴《のりごと》になぞらえて祈り奏じることは、むべなるかなである。

大国主大神の神性は、建御雷神から伊那佐浜で国譲りの談判をお受けになった時の大神の素振りから、絶対神の独裁的支配ではなく、御子神らをも参加した合議による霊力支配を窺うことができる。

「天照大神のご命令で、使者としてきました。あなたがご支配になっている葦原中国は、天照大神の御子が治める国であると申されておられますが、あなたのお考えをお聞かせ下さい」

と、建御雷神がのりたまうのに対して、

「私は申しあげかねます。私の子、事代主神《ことしろぬしのかみ》が私に代わっておこたえ申すでしょう。ですが、御大《みほ》の前《さき》に漁に出かけていて、まだ帰っていません」

と大国主大神はお応えになる。

建御雷神は天鳥船神《あまのとりふね》を遣わして事代主神をお呼びし、国譲りの意見を求められた。事代主神は大国主大神に、

「畏れ多いことです。この国をお譲り申し上げましょう」

と献言して、乗ってきた船を足で踏み傾けて沈め、呪術の一種の逆手《さかて》を打って、建御雷神の務めに尊崇の気持ちを表し、青々とした柴垣に化して、身を隠した。

大国主大神は、いまひとりの御子、建御名方神《たけみなかた》にも意見を求め給うよう建御雷神に申される。

建御名方神は千人がかりでないと動かせない大岩を手に提げてきて、

「私の国にきて、こそこそ勝手なことをいうのは誰だ。力比べをして決めようではないか」
と挑むのだが、建御雷神に負けて信濃国の諏訪に身を引き、恭順する。

舞台でいえば、これ見よがしの大立ち回りの感がするのだが、国譲りのフィナーレを厳かに、しかもできるだけ平和裏に行おうとする演出であろう。この神劇の主役はいうまでもなく大国主大神である。

では、演出者は誰なのか。男女の情愛のモデルを天の御柱を巡って示され、人間の原形を作った伊弉諾尊、伊弉冉尊であろうか。いや、この国譲りの神劇が記される頃には、瓊瓊杵尊が降臨されており、瓊瓊杵尊を敬仰する青人草がいた。高天原の神々の降臨を待ち望んだ者こそ、演出者として名乗りを上げるのにふさわしいのではないか。天照大神の再度の岩戸開きを実利的な生活の中で希求することを貫き通すためにも、彼らの信仰を醸成し、幽冥界から支える大国主大神は畏れ多い存在として崇められなければならないのだ。皇孫の権威と敬仰を高めるためには、幽冥界から国造りをじっとみつめ、加護をしてくれている大国主大神の信仰をいやがうえにも篤くしなければいけない。

かくして、大国主大神の信仰は、国土建設、国家安泰というスローガンを掲げた国家の造営と常に歩みを共にすることになった。

天照大神――瓊瓊杵尊――天皇と、須佐之男命――大国主大神――天穂日命《あまのほひのみこと》の神々の系譜は今日まで継承され、天穂日命という現世と隠世の仲介者によって、高天原《たかまがはら》系と根の国系の神々の霊力は和合し、このバランスの上に、瓊瓊杵尊の祖母であり、天穂日命の母である天照大神が、神話の幾多の出来事を統治するように鎮座されておられる。

どの神をどの地点から信仰しても天照大神が見えてくるのである。

四、出雲大社の教え

中山琴主は天日隅宮の教えを熱烈に信奉していた。琴主に八雲琴の創案をもたらした出雲の信仰は、現代にも生き方を諭している。

出雲大社教に同教教務部長の加地修一氏を訪ねて、大国主大神を主祭神として奉斎する同教の教えに触れることができた。それを再現してみよう。

窪田　出雲大社教は明治六年一月、第八十代国造千家尊福《たかとみ》先生が同教の前身の出雲大社敬神講を結成され、明治十五年五月、神道大社派を立教されて管長に就かれました。千家先生はどのようなお気持ちからそれまでの出雲大社から独立されて、新たな布教を始められたのでしょうか。

加地　明治十五年一月、政府は神官教導職分離令を出し、神社神道は国家の宗祀となり、神官は民衆の間で自由に布教ができなくなりました。千家尊福先生はそのことが不満で、大国主大神のみ教えの布教を合法的に行うために、神社である出雲大社の宮司の座を弟の尊紀《たかのり》先生に譲られ、神道大社派をつくられたと思います。千家先生は、大国主大神のご神徳で民衆と国を救おうという、非常な使命感を持っておいででした。大国主大神が主祭神です。

出雲大社教は、天御中主神《あめのみなかぬしのかみ》、高皇産霊神《たかみむすびのかみ》、神皇産霊神《かみむすびのかみ》の造化三神の精神を正しく継承されています大国主大神の御神徳をいただく信仰です。さらに集約しますと、天御中主神が大元霊となられます。教えのみ親は国造のご先祖にあたられる天穂日命《あまのほひのみこと》です。千家尊福先生は初代管長というお立場です。

窪田　千家尊福先生の御著『出雲大神』から引用させていただきますと、「造化の神霊は源一で宇宙にみち、一も造化の神徳でないものはなく、一本散じて万珠、また万珠は一本に帰す。惟神《かむながら》の大道である。これが真理といわねばならず……」と説かれています。天御中主神が金光教でいいます天地金乃神さまのような存在と考えてよいのですか。

加地　大元霊は天御中主神で、展開すると高皇産霊神、神皇産霊神になられます。

窪田　天地万物すべてが三神のお働きで展開するということですね。

加地　天地という言葉は宇宙を意味すると考えてもよいでしょう。大国主大神は大地に坐し、造化の三神の精神を継承して国土を守護し、生産蕃殖の恩沢を施し給います。造化三神の恩徳によって、将来の増進が図られます。

窪田　生産蕃殖ということを教えられていますが、爆発的に広がっていくエネルギーを感じますね。

加地　休むことなく造る、発展するということですね。生成進化という働き、これは造化三神のご神徳によるものです。それが天地自然の営みですね。出雲大社教のみ教えであり、また、日本神道の考えとも申せましょう。

窪田　創意工夫して生命力を発揮する、精いっぱい生きるということが、神のご意志に沿う、そうすることが氏子の義務であるということですか。

加地　生成発展は造化の三神の「むすび」の働き、伊弉諾《いざなぎ》、伊弉冉《いざなみ》大神の修理固成の神勅に始まるご先祖からの伝統です。それは造化三神のお働きで、お働きに沿って生きるのが、私たちの使命です。

窪田　神と人と、祖先と私たち、そして子孫が連なったという考え方をされているようですね。私が死んだ後の霊魂の行方について、お教え下さい。

加地　死生を超えて霊魂は不滅です。生と死は手のひらの表と裏、幽世《かくりよ》から現世の出来事、顕露事《あらわにごと》が生じてまいります。だから、私たちは幽世へ還っていきます。幽世とは、あの世という意味だけではありません。精神界、神のなせる業、幽事《かみごと》といった、目に見えない世界をいいます。あなたの霊は継承されていくものです。死後は幽世の大主宰でいらっしゃる大国主大神の膝下にあって、子孫を守る守護神になります。一般にいう祖霊信仰です。

窪田　代々の国造の火継式にも、その死生観が端的に現れていますね。国造が亡くなられても、死滅してしまった、葬式という感覚ではなく、神さまから受け継がれた不滅の霊をいただくという儀式になるのは、いかにも悠久を思わせ、信仰のない人々にとっても魅力に満ちたものです。

加地　このあたりでは、妊娠しますと、「うちの嫁さんに火がともった」と、いいますね。親からいただく命の火という思いですよ。人間は神から生まれたのですから、神からいただいた大切な命、霊と受け取らせていただきたいものです。

窪田　私たちはご先祖のおびただしい守護霊に守られて造化三神のご意志を継承する、それが生きるということになるのですね。実に荘厳雄大な世界に生かされていることを思いますと、もったいないことです。私たちの生活、仕事は、神さまのお仕事を手助けしているということになりますね。千家尊福先生も「伊邪那岐《いざなぎ》伊邪那美命《いざなみのみこと》二柱大神の修理固成に始まり、大国主大神に大成すれば、人は人倫の大本にして職業の元始なり、故に今行う所は神の遺業」と著されています。

加地　日本人の勤労観には、働くことが神業という意識があるんです。怠けておっては申し訳ないという意識です。

窪田　金光教のみ教えでは、苦しくつらい労働の中にあっても、神さまのご威徳をいただいてよろこばせていただく、生活すべてが神さまからのいただきものだから粗末にしてはいけない、神さまの一部をちょうだいする思いを深くするように、とお諭し下さいます。

加地　出雲大社で十一月二十三日夜に催されます古伝新嘗祭の釜の神事で、禰宜が後ろに稲束、前に瓶子をつけた棒を肩にになって、青竹を杖として神釜の周りを賀詞を唱えながら巡るという儀式があります。穀物をもたらす神への祈りなんです。日本人には働く人が神さまという意識があるんじゃないでしょうか。

窪田　金光教の教祖金光大神はお百姓さんでしたので、勤労を通してみ教えを説かれています。労働に明け暮れする生活の中で、天地の恵み、天地金乃神さまのおかげを感得して、喜びにみちた生活をすることのできる人は、神のご意志を具現化した、すなわち生き神であるとも申されます。

加地　天皇陛下は宮中で稲をおつくりになります。神道で事寄さしという言葉があります。神さまが委任するという意味です。天皇は国民に米づくりを委任されますが、ご自分でもおつくりになられる。天照大神も神勅で高天原で稲作りをされるが、歴代天皇に米づくりの お仕事を 委任 なさった。ですから、私たちが働くということは、神さまのお仕事の手助けを させて いただくということに なるのですね。神の業をさせていただいているのですから、働くということにもなる。この労働観は日本人にぴったりです。金光教でも出雲大社教でも、神と労働についての考え方は同じだと思います。

窪田　金光教の教会にお参りしますと、ご神米という蒸して干したお米を下さいます。

加地　出雲大社教では、お洗米、おさげものなどといいます。神さまの召し上がったものを、私たちもいただくという意味が込められているのです。

窪田　千家尊福先生のお言葉を引用させていただきますと、「万物の増進は 窮極なき者にして、神恩の尽きざる、人類の幸福のとどまらざる所である。万物は人類の蕃息に従い、増殖、開明は人智と共に増進、造化の神徳顕るところ開元の神徳である。万化の元素は神代に具備、人力を待って有益の物品となる。天然を修成する事業によって功用を増進」と説かれています。人の努力工夫によって神徳が顕れるとされているところは、神さまのお話をされながら、人間の生き方を説いておられます。

加地　大国主大神は少彦名神《すくなびこなのかみ》とともに国づくりをされますね。やがて少彦名神は外邦に去っていかれるのですが、大国主大神が独りになられて国づくりの将来に自信を失いかけた時、海上を輝きながらやってくるものがありました。それが幸魂《さきみたま》、奇魂《くしみたま》でした。ここはいろんな解釈がありますが、私はご自身の心の状態をいっていると思います。ご神勅をいただいて、自分の持てるものを発揚していくことのお諭しと考えています。

窪田　暗中模索をしている時の創造力と考えてもいいですか。

加地　自分の発見でしょう。幸魂、奇魂を神さまからいただいていることを確認し、努力することによって国づくりが完成したということですね。また、大国主大神のみ教えで忘れてならないことは、国譲りをなさった和譲の精神です。

窪田　大国主大神は八十神に迫害されたり、根の国で須佐之男命に蛇の室、むかでと蜂の室に入れられるなど、これだけいばらの道を歩まれた神さまはいらっしゃいません。実に人間くさいと申しましょうか、身近な神さまと仰がせていただいております。

加地　人間の生きざまを自らお示し下された現世の国土の神さまです。大国主大神が多くの苦難を乗り越えられたことを思いますと、失敗があっても自分の心の持ち方で道が開かれてくることがよくわかります。

窪田　金光教の先生方から、我情我欲にとらわれることを強く戒められます。我の力ではなく、神さまのおかげで生かされているということの自覚を促されます。「おかげは和賀心にあり」と申されます。和はやわらぎ、なごむ、賀はよろこび、感謝するということ。そのような心にご神徳が現れると教えられます。

加地　人の本は神にして、神は人の祖、生活、仕事は神の遺業を手助けさせていただいているという思いを、信心で持ってもらいたいです。

窪田　神のもとで氏子はみな同じ家族というお言葉は大好きです。千家尊福先生は「地球に住居し、月日を同じく戴き、生活する空気を共にするは、一家族の群居し、衣食を共にし、父母の愛育を同じくするが如し。人を愛すること、己を愛するがごとくすべし」と、教えておられます。「人を利し、国を富ますその基は博愛」とも述べておられます。金光教では「人の助かりを願う心」と教えていただいております。

加地　祈りという問題が出てまいります。神を敬えば敬うほど、神の神徳が増加します。心がたかまりますと、神さまからお応えが出てまいりますよ。

窪田　金光教では「神さまにご無礼をしている」とお叱りを受けます。神さまのおかげをおかげとも思わない、我情我欲をほしいままにした生活をいわれます場合と、信心をしながら、もう少しのところが形のうえだけで終わって、せっかくのおかげを受けられないことを惜しまれていわれる場合とがあります。一心に願う心になれば、ご無礼を働いた罪をつぐなって、おかげもいただけるとお教え下さいます。

加地　罪のつぐないについては、信心とともに、禊《みそぎ》、祓《はらい》があります。人はみな、清らかな心で神の子として生まれてきたのに、まがごとをするのは本来の魂から出た行為ではありません。禊、祓には、罪、けがれをおとし、生まれてきた頃の清らかな心にかえるという意味があります。どんな罪びとでも、罪を反省して禊をしますなら、清らかな神からの授かりものの心に立ちかえり、死後も子孫の守護霊となれましょう。ここに神の救いがあります。

須佐之男命が高天原で乱暴をして追放されます。罪をあがなうために、爪、髪を抜かれ、肉体の責めを負われました。須佐之男命は最終的に出雲に来られ、開拓されます。そして、天照大神へ天叢雲剣《あめのむらくものつるぎ》を献上されました。須佐之男命は最後はもとのみ心にかえりました。罪が大きいほど、神さまは大きな愛情を抱かれます。まがごとは心の曇りからくるのですから、神を信じ、その曇りを祓い清めることが、日々の修行ということになりましょう。

　私たちの周りのあらゆるものに神の力が働いています。神の光を見るか見ないか、見る目がなければいけません。神の力を見ることのできる澄んだ目、魂を持てるように祈って、神をお祭りさせてもらいます。神に謙虚になり、感謝しなければ、それはできないことです。石ころにけつまずいて転び、膝をすりむいた。ぶつぶついう人と、けがですませていただいたと思う人とでは、出発点が違いますものね。出雲大社教では神語がございます。「幸魂《さきみたま》奇魂《くしみたま》守給《まもりたまい》幸給《さきわえたまえ》」と申しますこの詞は、天照大神第二の御子天穂日命に賜ったもので、神拝の前後は勿論、日常生活の中で常に唱えて神の護りを仰いでおります。毎年八月五日から九日まで催されます出雲大社教の大祭に、ご信者の神語の奉書を神前にお供えして幸せをお祈り致しております。現代は「自己喪失」の時代といわれていますが、自分自身の本質をとりもどし、神、祖先とのつながりを確認する上にも非常に深い意味があります。

窪田　ありがたい心を持つということは、金光教のみ教えの神髄といわれています。神さまに感謝すること、謙虚になるということが信仰ということですね。糧となりますお話をしていただき、ありがとうございました。

五、売布神社、神官一族の伝承

八雲琴は創案の地、出雲大社では絶えていた。出雲に残る八雲琴を尋ねて、松江市和多見町、売布《めふ》神社を訪れた。

売布神社は一般に白潟《しらかた》大明神、橋姫《はしひめ》大明神とも称され、主祭神は速秋津比売神《はやあきつひめのかみ》である。水戸神《みなとのかみ》、祓戸神《はらえどのかみ》で、祓いの式を司り、すべての禍事、罪穢を祓い清める神さまである。祝詞で、潮の八百路の八潮路に坐す神といわれるように、海を司り、海上の守護神でもある。神代に御孫神の櫛八《くしや》玉神《たまのかみ》が御祖神として、又、海河港湾の守護神としてお祀りされたのが始まりといわれる。

当社は旧意宇《おう》郡松江村の氏神さまで、白潟大明神と呼ばれたのは、むかし、この一帯が海で、次第に白砂が寄って潟ができたことからか、白潟という地名を残した。

松江は湖川を挟んで南北に分かれ、白潟と末次というところの往来は舟に頼ったが、御神託により橋が架けられたことから、人々は橋の守護神としても尊崇して、橋姫大明神とも称した。相殿の五十猛命《いたけるのみこと》、大屋津姫命《おおやつひめ》、抓津姫命《つまつひめ》の三神は須佐之男命の御子神である。『売布神社略記』によると、五十猛命は、父の須佐之男命とともに、新羅国の曾尸茂利《そしもり》に居給わりしこともあり、御武神で古代、韓土の経営に当たった。又、樹の種をもって天降《あまくだ》り、御妹神の大屋津姫、抓津姫命の御援助で、この種を大八洲国に播殖した。

境内摂社に和田津見《わたつみ》社がある。海の若宮、漁宮《りょうぐう》ともいう。御祭神は櫛八玉神である。大国主命が皇孫に国譲りを果たされたことを祝う天《あめ》の御饗《みあえ》が催された時に、膳夫《かしわで》（料理人）となった。鵜になって海の底に潜り、海底の赤土をくわえてきて天の八十毘良迦《やそひらか》（多くの平たい土器）を作り、海草の柄で燧《ひきり》の臼と杵を作って清火を鑽《き》り出し、たくさんの鱸《すずき》（天の真魚咋《まなぐい》）を調理して献上された。漁労、調理の神として崇められている。

同社の売布の語源は、清火を鑽り出す時に用いた海布《めふ》から生じたとする説がある。神事として、七月十二日の船御幸《ふなみゆき》神事がある。境内社の金刀比羅《ことひら》神社、船玉《ふなたま》神社、和田津見神社のお祭りを行い、船で宍道湖を西へ一キロほど神幸して、南岸の旧社地遙拝を行う。また、十月九日の焼火《たきび》神事、翌十日の例祭と併せて御饗祭がある。焼火神事は午前四時、拝殿前で浄火でお祓いをしてから一夜御水《いちゃごすい》といわれる甘酒をかもす。夕方、例祭の前夜祭を行う。御饗祭は鱸祭ともいわれ、鱸、干魚、荒布《あらめ》、甘酒などをお供えする。

禰宜の青戸昭博氏は、出雲八雲琴の数少ない奏者の一人である。青戸氏は、次のように語っている。

「私の曾祖母の青戸糸は、中山琴主の直門人でした。糸から私の叔母の安藤真佐子、糸の主人

米寿の青戸糸（昭和13年）

で売布神社宮司をしていた青戸建行（建琴）、そして、建行の弟の波江（濤琴）に伝承されました。

『八雲琴譜』（改訂版）の中に青戸建琴、濤琴の二人の名前で売布の社という今様の歌詞が記されています。

波江は琴主のお供で、京都、岡山あたりまで出かけています。売布神社に八雲琴を伝えました糸は、島根県美保関の美保神社、横山家が実家です。糸の祖父の横山真恒、妹の田口亀子調で『八雲琴譜』に「三穂の浦」という歌を発表しています」

三穂の浦

横山真恒
田口亀子調

掻《かき》ならす其音《そのね》を三穂《みほ》の浦《うら》千鳥《ちどり》八雲《やくも》小琴《おごと》に声合《こえあわ》すめり

青戸波江は、その後、神道界で祭式に指導的役割を果たし、『神社祭式行事教範』を著す。

波江は安政四年十月八日、松江市和田見町、祠官青戸建庭の四男として生まれる。明治十五年、皇典講究所剣道部師範、同十六年、社寺局より神社祭式取調委員に任命される。同三十四年、皇典講究所講師、大正十一年、府社芝大神宮社司、国学院大学教授を経て昭和四年十二月十日、東京で逝去。七十三歳であった。

生まれ故郷の宍道湖畔の錦が浦にちなんで、号を錦渚《きんしょ》といった。波江は、剣道の精神をもって万事裁断の要訣とした。神影流の一派、兌山流の免許皆伝で、

「剣道は武士道の精髄であるから、これを学ぶ者はいやしくも卑怯な精神があってはならぬ」と、教導したという。教授方法は体操をするように、波江が号令をかけて全員が一糸乱れぬ練習をした。

また波江は礼節を重んじ、教壇に立つとまことに厳しかった。夜十一時を過ぎても講堂にあかあかと電灯がともっているのを不審に思ってのぞくと、波江が講義時間の超過を気にすることもなく祭式の講義に打ち込んでいることが幾度かあった。だが、厳格な半面、豪放磊落なところもあり、よく酒を鯨飲しては、音吐朗々と歌いながら剣舞をした。

大正四年十月の御大典が近づいたある日、それは陛下が京都へ御出発される数日前のことでもあった。波江は夫人を同伴して東京の三越呉服店へ行き、御大典の模型を見た。すると、時の総理大臣大隈重信が、紫宸殿南階の中央を昇っている。神社でも、中央は陛下のご通路で、臣下は右か左かを昇降しなければならない。急ぎ皇典講究所へ戻って相談し、大隈総理の秘書官に面会

することとなった。

波江は、総理が中央を昇るようなことにでもなれば、長年の自分の祭式の教えと違うことになるので、大隈総理に忠告をして受け入れられなければ、死ぬ覚悟であったと、後になって漏らした。

翌朝、早稲田の大隈邸を訪ねて秘書官に会い、作法の間違いを質《ただ》した。すると大隈総理は波江の忠告に従い、左を昇った。

波江は学校で八雲琴を弾いたり、それについて語ったりしたことはなかったようだ。八雲琴とは、弾く人の心が神さまにかなった時にのみ、祈りとなり、お供えとなり、美しい響きを生むことをよく知っていたのであろう。波江は、陰から八雲琴への支援を惜しまなかった。青戸波江を偲んで、昭和五年十二月、国学院大学顕彰塾から『青戸波江先生遺詠』が上梓されている。

六、美保神社の海上神事と八雲琴

私は、島根県八束郡美保関町の美保神社でも八雲琴が弾かれていることを青戸昭博氏から聞いて、訪ねることにした。国鉄松江駅前から定期バスで約一時間、美保湾の湖面のように静かな鉛色の海を眺めながら走った。小雪が時折吹きつける寒い日のせいか、バスの乗客は数人で、途中の停留所で待つ人の姿も少なく、バスはほとんどノンストップでゆっくりと走り続けた。

終点美保関で下車すると、そこは小さな漁港だった。船影も人もまばらな船溜まりを見て、小さな神社を想像していた。途中で漁師の主婦らしい人に尋ねると、丁寧に道順を教えてくれた。海べりに肩を寄せ合うようにして建つ家並みを少し行くと、突然、山を背にこの小漁港には不釣り合いの大きな社が現れたのには、少々意外であった。だが後で、美保関港が江戸時代まで海運の要衝として栄えたことを知って、そのどっしりとした社殿に当時の繁栄の影を見る思いがした。

美保神社は美保明神ともいう。祭神は事代主命《ことしろぬしのみこと》、三穂津姫命《みほつひめのみこと》で、出雲では旧国幣中社である。官幣大社の出雲大社、国幣大社の熊野神社に次ぐ社である。海上から豊漁をもたらす神がやってくるという漁民の信仰が事代主命の崇拝と重なり、福神恵比須神の社として知られるようになった。

事代主命といえば、大国主大神が建御雷神から国譲りの談判を受けた際、御大《みほ》の前《さき》に漁に出かけていた。御大の前が現在では美保関という地名で残っている。

三穂津姫命は大国主命の后神で高皇産霊神《たかみむすびのかみ》の御子神である。

国譲りの前のこと、大国主命が御大の前にお坐りになっていると、天の羅摩船《かがみぶね》に乗って神皇産《かみむす》霊神《びのかみ》の御子、少彦名神《すくなびこなのかみ》がおいでになり、大国主命がこの神といっしょに国造りに励まれた。その

江戸時代の青柴垣神事の模様を描いた絵巻

後、少彦名神は常世国《とこよのくに》（不老不死の国）へ去り給いたので、大国主命がお嘆きあそばされると、海を照らしてやってくる神があった。この神が申されるとおり、倭《やまと》の青垣の東の山（奈良県桜井市三輪山の大神《おおみわ》神社）にお祀りすると、国造りにその神が力をお貸し下されたという。大国主命の国造り、国譲りになくてはならない神話の舞台であるが、ここでは、国譲りを献言し、青柴《あおふし》垣《がき》と化して身を隠した事代主命が、富と福の象徴であるエビスに変身して現れたのはどうしたことであろうか。

それは美保関港が中世から江戸末期にかけて、海上交通の要衝として繁栄したことと無縁ではなかろう。裏日本はもとより、朝鮮、中国と交易をするうえで、地の利を得ていた。第二の天の羅摩船の到来を浜の民たちは、はろばろとした海を眺めて夢みていたのであろう。

当社の主な神事に四月七日の青柴垣神事、十二月三日の諸手《もろた》船《ぶね》神事がある。青柴垣神事は、大国主命の国譲りの際、事代主命が舟を踏み傾けて沈め、自身は青柴垣になって身を隠したと

勇壮な諸手船神事

いう神話を、二艘の青柴で飾った神船を使って再現する。

また、諸手船神事は大穴牟遅《おおなむち》神（大国主命の別名）が熊野の諸手船で使者を遣わしたといういい伝えによるものである。八十人の選ばれた氏子が、諸手船と呼ばれる二艘の刳船《くりぶね》に乗って美保港を勇壮に漕ぎ競った後、客人《まろうど》社と称する海岸端の摂社を海上から拝んで船の安全を祈願する。

美保神社の横山家では、代々女性たちが中心となって八雲琴を身内に伝承してきた。現在は安藤真佐子さんを師として、売布神社の青戸昭博氏、美保神社の禰宜で青戸氏の実兄にあたる横山宏充氏ら両神社の血縁の人々で雙絃会《そうげんかい》を結成して、八雲琴の伝承を図っている。出雲大社教立教百周年記念で大社曲を演奏したのは、雙絃会の安藤、青戸、それに横山宏充氏の養母の横山鞠子さんの三人であった。

同神社宮司横山直材氏は、八雲琴を弾くことはしないが、長年八雲琴に関する研究を続け、「八雲琴私考」（資料2）等の論文を発表している。

同神社は、明治期まで雅楽、吉備楽とともに八雲琴を祭典で奉納したが、現在は出雲神楽に限られている。一般の人による伝承について、横山宏充氏に意見を求めると、

「八雲琴は現代音楽に適しません。それに、他に華やかな楽器が多くあるので、無理でしょう」

とのことである。

「八雲琴は身内で精神修養として弾いております。横山真恒ら美保神社のご先祖が、三人も『八雲琴譜』の中に名前が出ていることもあり、愛着がありますね。それに、八雲琴のさびた音色になんともいえない心を打つものがあります。今後も一族の者で伝承していきたいと思います」

八雲琴は、宗教音楽にのみ使われる特殊な鳴り物というべきなのか。祭神事代主命は鳴り物を好むといわれ、漁師、船乗りたちは豊漁、海上の安全を願って船に積んだ楽器を奉納した。

同神社の宝物館には、美保関港が軍事・経済の要衝であった中世から近世にかけての八雲琴、琵琶、竜笛、太鼓など八百四十八点が保管・展示され、いずれも国指定の重要有形民俗文化財に指定されている。また、境内には諸手船（国指定の重要有形民俗文化財）、中海のソリコ（島根県指定

の文化財）、隠岐のトモド（同）、沖縄のサバニー（同）といった地方ならではの漁舟が展示されている。

鳴り物のうち、同神社の血縁の人々によって伝承されてきたのは八雲琴一点だけであり、そのことはまた、出雲の八雲琴伝承のうえで極めて幸運であったといわねばならない。

（資料1）

売布神社所蔵

大神に君と臣との
　御栄えをねぎつゝちよも
ひくや雲琴

此琴は人に聞かせず
　大神に手むけて
御世をやすく祈らん

真心に此神琴を
　かきなせばちよに栄えん
　　家も子孫も

大御よの栄をねがひをしへ子と
ともにかきなす琴は此琴

亀山の松の齢をためしにとひくや
や雲の琴は此琴

大君のみよの栄えを青風の神に願ひて
弾や雲琴

大御よの栄を神にねがひつゝあけくれ
ならすや雲玉琴

君の為たみ安かれともろ神に乞つゝ
ならすや雲玉琴

大神の沼琴を移し二つ絃にしらべ
まつるもおふけなのみや

美保神社所蔵

大神に君と臣との御栄えを禰き都々智与もひくや雲琴
此琴は人に聞かせ須大神に手向て御世をやすく祈らん
真心に此神琴をかきなせば家茂子孫も智与に栄えん
天の下造り玉ひし大神の沼琴を宇津す琴ぞ此琴
大君廼御栄え祈りをしへ子と寿長久ひくや雲琴
大御世の栄を祈りをしへ子とともに掻ひく琴は此琴
此琴は人に聞かさ須只神に手向て御世を安く祈らん

琴弾山なる大神の大御前に

此爰に来て八雲小琴をしらふれハかみの沼琴のしのばるゝはや

政ふるきにかへる大御世のやすくを祈りひく八雲琴

（資料2）

八雲琴私考　創始とその背景

横山直材

八雲琴は一説には箏曲の大家、備後国、葛原勾当が、後述する中山弾正と時を同じうして創り、共に相計り、京都に於て改良を加え、後この創始の名を中山弾正に譲ったと伝えられているが『八雲琴譜』中の中山琴主（中山弾正、元徳、吉士、通郷、寿永ともいう）の序文によれば文政三年の十月、天日隅宮に詣、武術と医の事を祈申とて斎籠れりけるに、天の沼琴の古へを仰て夜もすがら秘曲を掻なで奉りたりけれは、琴引山の神心にや通ひけん、遽に八雲山の神風木にふれ竹にそよぎ、妙なる風声をなんしらべたりける。身にしみ心感ける程に奇しき神の御託を夢におぼえければ、即宇迦の神山の大竹の本伐末払ひ琴に作り、天地陰陽に比らべて二ッ紘をすげ、八雲の御詠に掻合せたるなんこの出雲琴のはじめにはありける。

とあり、両説いづれが正か、或は両説とも是とすべきか、今にわかには明かにし得ない。しかしながらいづれにせよその創始の年代は後述する理由により、琴譜序文に掲ぐる時代に相違ないものと思われ、又その後における八雲琴弾吟の意義は飽くまで序文の精神を標榜していること論をまつまでもない。

琴の名称は前記の出雲琴（この名称は他にこれと略々同じ形状の琴ながら四絃の板琴の存在した形跡があるので付記して参考に供する）の他に出雲小琴《いずもおごと》（綾小路有長歌）、八雲小琴《やくもおごと》（琴譜）、八雲玉琴《やくもたまごと》（琴主歌）、二緒《ふたつお》（免許）、二《ふた》つ絃《お》の琴《こと》（四条隆生歌）、二緒《ふたつお》の玉《たま》の小琴《おごと》（鈴木重胤歌）、節竹《よだけ》の琴（琴譜）等があり、入門状には神伝八雲琴と称している。

この神秘に満ちた八雲琴の由緒は決して怪しむに足りない。同時代他に例を求めれば、文化年間、江戸の山田検校は江の島に祈願して箏曲「江の島」を大成し、又天保年間、京都の光崎検校が竹生島に参籠して、満願の二十一日、夢中に神音を授かり有名な「秋風の曲」を完成している。これらはこの時代の日本人の邦楽に対するみかたを表現した著しい特質であるといえよう。

しかしながらこの八雲琴の出現も決して偶発的な事象ではなく、これを成立せしめた素地はこの時代の邦楽の流れの中に既に醸成せられていたのである。

即ち江戸時代初期、明国より輸入せられた一絃琴は中期に到って広く世に行われ、あたかも文化・文政の頃改良も加えられ、更に真鍋豊平等の名手が世に出るに及んでその黄金時代を現出するの感があった。

この琴はおおむね長さ三尺六寸、幅三寸六分乃至四寸の一枚の板に途中二ヶ所両側よりゆるやかな瓢形の凹部を設け、その板に一本の絃を張り、これを奏する者は左手中指に象牙又は竹製の管をはめて絃上の勘所をおさえつつ右手食指にはめた同質の管状の爪で絃を弾じて奏するのであるが、八雲琴と比較して箱琴と板琴、二絃と一絃の相違こそあれ寸法、奏法、爪等に至るまで殆んど差異が認められない。八雲琴とかくも酷似し、しかも八雲琴に先行して略々同時代に隆盛を極めたこの一絃琴は、当然八雲琴の発案に強く影響したものと推定して差支あるまい。

ただしこの二つの琴は音色については僅かながら相違がみられる。即ち一絃琴の絃は板琴の為か太い糸を使用している為、音にやや強さというものを感ずるが、八雲琴は細い糸二本を同音で使用し、箱琴としての共鳴を生かしているので音色は強さよりもむしろしみ入る様な感じがする。

次に音曲の上から考察すれば、江戸時代に於ける三味線音楽、なかんずく地唄三味線曲を無視し得ない。以下いささか冗長に過ぎる嫌はあるが、八雲琴曲を知る上に欠くことが出来ないので、江戸時代の地唄三味線曲の沿革を概観してみることとする。

三絃が我が国に輸入せられて、永い変遷を重ねつつおおむね二つの方向に発展して行った。一つは浄瑠璃と称されるいわゆる「語り物」の伴奏楽器としてであり、他は小唄、端唄、組唄、地唄、長唄、歌沢、江戸小唄、里謡等の所謂「唄い物」の伴奏楽器としての方向であった。ここに注目する地唄はもとより「唄い物」である。

江戸時代初期の石村検校は従来流行していた小唄等を数首集めて一曲としいわゆる組唄なるものを作り、これを琉球組と称したが、後にこの種のものを合せて七曲完成した。これ等の組唄においては、その一曲中の数首の唄は相互に関係はなく、三味線もただ唄の旋律に密着してついて行くのみで、伴奏楽器としての機能は十分に発揮せられていない。この七曲の組唄を本手《ほんて》という。しかるにこの本手なる組唄は前述の通りあまりにも単調にすぎて世人に飽きられて来たので、石村検校の四代目を継ぐ柳川検校はこの欠陥を打破すべく破手《はで》と称する組唄を十数曲作った。この本手に対する破手は歌詞の構成においては従来となんら異るところはないが、本手では三味線の伴奏が唄の旋律と密着していたのに対し、破手の場合には唄の旋律からやや離れており、句の切れ目等に合の手が入って来る様になった。これが寛文の頃と思われる。この面白い破手の組唄は以後盛に行われていたが、元禄の頃になって、歌詞の構成にも変化が生じて来た。従来一曲が相互に独立した数首の唄の並列であったものからまとまった一首の長い唄が作られ、それに作曲される様になって来たのである。これを「長唄」と称する。

一方この頃「語り物」としての歌舞伎音楽「江戸長唄」が盛に行われていたので、これと区別する為に「唄い物」としての「長唄」を特に「地唄」と称したのであるが、この「地唄」なるものは文化の頃までに破手のいわゆる「合の手」の部分が強調されて長くなり、三味線の受持つ分野が拡張され、その器楽的な面が発達して行く様になった。この部分を「手事」という。こうなると三味線も技巧的な奏法に変り、従って胴、棹撥共に小さくなり、従来大きく胴の皮に撥を打ちつけていた奏法から軽く撫で弾きする様になって来た。打楽器としての三味線から絃楽器としてのそれへの変遷がここに見られるのである。

これより少し前、箏曲においても組唄を主とする俗箏から生田検校が出るに及んで、地唄三味線の曲を箏曲に移していわゆる生田流なるものを次第に形成しつつあった。これが発達するに従って箏と三味線の各々の特徴を生かして、地唄三味線の手事ものの合奏がなされる様になって来た。松浦検校の「四季の眺」「若葉」を始め、石川勾当の「八重衣」等が有名であるが、ここで八雲琴の成立上忘れてならないのは「茶音頭」「磯千鳥」「夕顔」等を作曲した菊岡検校である。これが文化、文政の頃かと思われる。

八雲琴主中山弾正は実にかかる時代に生を受けていたのである。

中山琴主の人となりは残念ながら手許に資料がなくて詳かにし得ないが、横山豊琴（筆者の祖父）に与えた許状によれば、

明治十年丑八月日

元祖　中山八雲琴主

七十七翁　吉士寿永

とあり、これを逆算すると享和元年の出生となり、彼が八雲琴を発案したという文政三年は齢未だ弱冠であったことになる。

生れは伊予国宇摩郡天満村、早くより住居を京に設けていたらしく八雲琴譜序や題詠によれば杵築より帰ってからは京都の深草に住み、安政五年頃には東洞院仏光寺上ルに、文久元年頃は山科に居たらしい。

更に中山琴主の音楽上の経歴を知る上に重要な手掛りとなったものに地唄三味線「初音」（重要民俗資料『美保神社奉納鳴物』八四六点の内）がある。この三味線は海老尾に金銀の初音の二文字の象眼があり、松江藩家老朝日丹波の奉納にかかるものである。その箱の蓋裏にまごうなき琴主の自筆で裏書が貼付されている。参考のためここに全文を掲出する。

初音三弦を
都出此浦に来たり初音てふ
三つ弦の琴を又見つるかな　雲琴
裏書
銘は無御座候へ共、是は初代の江匠を三代二代目の江匠が移し作りはんべり候はんと奉察
並の百千鳥よりは地木皆々勝れ音色も又殊に宜可在御座候　天の下まれなる御道具御座候間　御大切可被成奉存候　以上
　平安菊岡検校第一門人　平安惣会頭
八雲琴開祖琴の舎中山加賀介八雲琴幸判
　嘉永七甲寅六月四日

と誌している。以下少しく説明を加えれば、文中並の百千鳥とあるのは、この頃巷間に流布したと想像され、古近江と伝承される多くの三味線百千鳥のことで、この前年即ち嘉永六年の春にはやはり松江藩長臣大野舎人後室によって美保神社に地唄三味線「百千鳥」（重要民俗資料『美保神社奉納鳴物』八四六点の内）が既に奉納されていて、琴主はこの「百千鳥」も当然見たことと推察されるが、これには荻江節の創始者初代荻江露友が古近江の作になる名器であること、海老尾銀銘は三井親和が認めた旨の書簡を添えているので、特に並のと限定して敢てこの百千鳥には触れなかったものと思われる。

さてここで注目に値するのは平安菊岡検校第一門人の自署である。菊岡検校はかくれもない手

事ものの大家で三味線と俗箏との合奏曲も種々作曲していることは前述の通りである。従って中山琴主が地唄三味線に菊岡検校第一門人と誌して、その裏書に権威を加えんとした意図も自ら明かであるが、彼が地唄や俗箏に通暁していたことが明かとなったわけである。

我々が八雲琴曲の中に箏曲としての要素の他に地唄三味線曲の色彩を濃厚に看取し得るのは実にかかる理由によるのである。

（美保神社宮司）

第四章　祈りと奉仕

一色玉琴の系譜

中山琴主―大岸元琴（東京）―大岸玉琴（東京）―加藤真琴（名古屋）―大岸藤琴（京都）―一色輝琴（名古屋）―一色玉琴（名古屋）

一、むかし語り

昭和六十年、二月末、私は八雲琴を尋ねて名古屋へ向かった。

国鉄名古屋駅の裏玄関を出て、南へ約五百メートル行くと、落ち着いた町並みの公園の傍に、水野神社（一色基嗣宮司）がひっそりと建つ。この社に住む同社の元宮司、一色玉琴《いっしきたまごと》は昭和六十年七月十二日、八雲琴で愛知県無形文化財に指定された。本名豊、八雲琴七代宗家襲名で玉琴を名乗る。

一色玉琴は創始者中山琴主《なかやまことぬし》、大岸元琴《おおぎしもとごと》、大岸玉琴《おおぎしたまごと》、加藤真琴《かとうまこと》、大岸藤琴《おおぎしふじごと》、一色輝琴《いっしきてるごと》の系譜を受け継ぎ、昭和四十八年二月一日、名古屋市文化財にも指定されている。昭和六十年七月二十一日、近くの牧野神明社《まきのしんめいしゃ》で、県無形文化財指定を祝って、八雲琴の演奏と舞が奉納された。玉琴の母、輝琴は、昭和三十二年三月三十日、国の無形文化財に指定されている。同社を中心に、一色母子二代にわたって、八雲琴の技と精神が培われてきた。

玉琴は明治四十年七月二十八日、一色氏茅《うじよし》を父、輝を母に、長女に生まれる。輝は六代宗家輝琴である。玉琴が八雲琴の話をすると、いつとはなしに輝のことを語っている。

愛知県無形文化財指定の一色玉琴

「母はこだわりのない、優しい孝行ものでした。親をねぶるように大切にしました。生活のすべてを喜び、感謝するように努めていましたし、粗末な衣食住をありがたいと思い通しておいででした。父もまた、古いご紋着で通して、生活に不足をいうことはありません。私たち三人の娘は、父は聖人、母は仏さまとお呼びしていましたの。父母から心を伝えられ、生活は神さまのお守りで授かったものと思わせていただいております」

玉琴の母であり、師でもある一色輝琴は、石川正永、志げを父母として明治十二年七月十二日愛知県に生まれる。父は尾張藩江戸詰めの武家で、下屋敷は現在の名古屋市中村区則武《のりたけ》付近にあった。明治維新を迎え、石川正永は地元有力者の推挙で郷社神明社(現在の牧野神明社)の神主となる。当時の武家で、神主や巡査になる例は多く、正永も倒幕に伴い、武家から神主へやむなく転身を図ったとみられる。

石川の長男正美は慶応義塾へ進学。卒業後、愛知県に入った。明治二十三年、愛知県名古屋測候所(現在の名古屋地方気象台)の創設とともに就職。二十五年、所長に就任した。輝は十二、三歳の頃から琴を習う。当時の石川邸は敷地が三百坪ほどあり、池のある立派な庭があった、と玉琴は聞いている。石川正永は百五十畳敷きの大部屋に役場、学校、親戚の人々を招き、盛んに歌会や管絃の演奏会を催した風流人であった。

「武家は武道一本ヤリと思われがちですが、芸ごとが盛んで、お互いに家庭の教養として身につけた芸を、おつきあいの場で披露したものです。当時は清明楽《しんみんがく》(中国の音楽)が盛んで、長崎へ行って習ってくる人もいました。母は、六つぐらいの時に立派な先生に家へ来ていただいて琴を習った、と聞いております。母が嫁ぐことになります一色家も武家で、当主は祖父の正永と友達でした」

玉琴のこの言葉から、一色家が石川家と家族ぐるみのつきあいをしていたことがわかる。

氏茅は明倫中学校を卒業後、輝の兄正美が勤めていた測候所の手伝いをしていた。そのような縁で、輝は十七歳で氏茅へ嫁ぐ。屋敷は後に「かわよし」という料理屋が使ったほど見事なこしらえだった。

一色氏茅は輝の父の石川正永の跡を継いで、神明社《しんめいしゃ》の神主となる。このあたりに伊勢神宮の御《ご》神領地《しんりょうち》があったことから、神明社は伊勢神宮の内宮に、神明社の末社の一つ、牧野の椿社が外宮になぞらえられた。両社の間を流れていた川は御伊勢川《おいせがわ》と呼ばれ、後に笈瀬川《おいせがわ》となったが、現在は埋め立てられ、笈瀬川筋といわれる道路に名を残している。

二、母と歩み来て

石川家では、八雲琴を奏したのは輝一人であった。輝が嫁ぐことで、一色家が八雲琴の伝承のうえで重要な役割を担うことになる。

輝の主人の一色氏茅は学問好きな人であったらしい。八雲琴を弾奏しはしなかったが、妻の仕事を文献の面から手助けしたそうだ。氏茅が祭員として当時十六社あった末社をお祀りする傍で、輝は子供を連れて八雲琴の演奏を奉納した。幼い子供たちは祭祀が終わるのを神社の周りで遊びながら待つうちに、琴の音を覚えていった。

実生活の中で、豊（のちの玉琴）は母からみっちりと仕込まれていく。幼少の頃を振り返り、玉琴は次のように語っている。

「私は八つの頃から、あちこちのお社の大祭で母の八雲琴に合わせて舞を奉納しました。名古屋の西新町にありました伊勢神宮奉斎会のお社や、東京のお伊勢さんの事務局で奉納する母の姿をよく覚えています。

ある時、愛知県の深野一三《ふかのかずみ》知事の姪ごさまの結婚式を神前で挙げられることになり、母が奉納演奏致しました。これが日本での神前結婚式の始まりになったということで、東京の方にも広まったのだそうです」

一色系統の八雲琴の伝承には、出雲出身の青戸波江《あおとなみえ》の大きな庇護があった。

「母輝琴と私の八雲琴をご支援下さったのは、青戸波江先生です。先生のご尽力で、母と私が伊勢神宮で八雲琴の演奏をご奉納できました。戦前の伊勢神宮での奉納は至難といわれ、厳しい身元調査をへて、宮内省の許可が必要でした。芸ごとでそれまでに奉納が許されましたのは、能の観世流の家元だけというお話でした。

靖国神社のご奉納の時、加茂百樹《かももも き》宮司をはじめ、列席者の方々は青戸先生のお弟子さんで、八雲琴にも通じておられ、全員で今様を歌いましたこと、麗しい思い出となっております」

輝の師匠は、当時名古屋市の伝馬町に在住していた四代宗家加藤真琴《かとうまこと》であった。そのことについて、一色玉琴は次のように説明する。

「加藤先生はお子がなく、母が最後までお世話をしました。ふっくらとしたお方で、先代の大《おお》岸玉琴《ぎしたまごと》先生から厳しく指導をお受けになったそうです。八雲琴を神器として扱うようにと、母に教えておられました。加藤先生がお亡くなりになられました時に、母にも継承のお話がありましたが、二代宗家大岸玉琴《おおぎしたまごと》先生の姪ごさまで養女になられた大岸藤琴《おおぎしふじごと》さんが、五代宗家を襲名されました。藤琴先生のご主人と、弟の森助《もりすけ》次郎《じろう》さんが後見役となられました。

大岸藤琴先生は名古屋の加藤先生について修業され、母とは勉強仲間でした。藤琴先生は太平洋戦争の際、東京で戦災に遭われて、京都へ移転されました」

一色玉琴（当時は豊琴）は、出雲の日《ひの》御碕《みさき》神社にご奉仕する小野節夫を養子に迎える。太平洋戦争が熾烈化して、節夫は昭和十七年十二月召集を受け、フィリピンで戦死した。輝琴、豊母子は、それぞれ家族を連れて出雲へ疎開し、出雲大社で琴を弾いた。節夫の戦死で、父の氏茅は高齢をおして祭祀に奉仕した。

敗戦後、豊琴は熱田神宮の庶務課に勤めながら、昭和二十一年に神主の資格を得て、夫の跡を継いだ。傍ら、熱田神宮の御分祠を祀るホテルの結婚式場でも、八雲琴の奉仕をした。

戦後、一色輝琴の芸の世界は円熟期を迎える。国の無形文化財指定に続き、四十年十月に黄綬褒章、四十二年四月に宝冠章受章と、その業績は高く評価された。その間に、五代宗家大岸藤琴が三十七年三月に没したことで、三十八年九月に六代宗家を継承した。輝琴は絢爛たる八雲琴の芸の世界を築いて、四十三年十一月逝去した。

三、琴主の精神

一色玉琴は、昭和四十五年八月七日、亡き夫節夫の縁戚である出雲の日御碕神社で、また同月八日には八雲琴発祥地の出雲大社で、七代宗家襲名の奉納演奏を行った。中山琴主の養子加藤多利穂の孫にあたる中山学夫妻、五代宗家大岸藤琴の弟の森助次郎夫妻も同席した。

四十九年九月二十九日、熱田神宮で奉納した際には、知立《ちりゅう》神社の神山尊愛宮司をはじめとする三河地方の宮司十人が、ともに演奏した。曲目は「御吉野《みよしの》」と「菅掻《すががき》」で、御吉野では玉琴の長女啓琴《ひろごと》が舞をつけた。今日の一色系統の八雲琴をささえるこれらの神職団は、一色家と代々にわたる神職同士の知友である。

「私はこれから八雲琴を習おうとされる方に、琴の技はともかく、まず創始者中山琴主先生の精神をよくお分かりいただくようにご指導申し上げております。御霊《みたま》さまをいただき、神さまに喜んでいただけるお琴を奉るのですから。神さまはその真心をお受けになられます。日本人は、だれでもお伊勢さんにお参りするように敬うものがおありです。神というものを特に仮定しなくても、広い意味での信仰心がございますよ。

日本の神さまは融通性がありますから、自分のご縁の近いところに寄せていただいて、神さまに喜んでいただく。それが自分の幸せにつながります。こだわりなく、神さまを敬う気持ちでいればよいと思いますね。日本は神国で、民衆は神を敬う心を持っていますよ。演奏する時は真心を込めて、精神を統一して、心の修養と思わせていただいております。神さまと自分は常に一体という思いに、八雲琴を通じてならせていただきたいですね」

玉琴は心の深くをまさぐるように、柔らかな口調で話す。

玉琴には、ほのぼのとする思い出がある。

正装した警察官が恭しく水野神社を訪れた。当時、愛知県警中村署長で、退官後、一色の八雲琴保存会長になった小木定美だ。小木氏は、昭和四十四年頃、ふと立ち寄った名古屋市内の古道具店で初めて八雲琴を見て、その奥ゆかしいつくりに魅かれて購入した。しばらくして、名古屋市主催の芸能演奏会があり、そこで八雲琴の演奏をようやく聴くことができた。素朴な小琴の音は、人生の後半を過ぎた小木氏の枯れた心情と通じるものがあった。小木氏は八雲琴の幽玄な音色を忘れることができず、演奏者を探し、一色玉琴を訪ねた。

五十一年八月、玉琴は中山琴主の出身地、愛媛県宇摩郡土居町を訪れた。地元の八雲神社では、青風会《あおかぜかい》（近藤和枝会長）がつくられ、約十人の会員が保存、伝承に努めている。玉琴と妹の次女幸琴、三女芳琴が奉納し、玉琴の長女啓琴が今様を舞った。

人の背丈ほどの葦を掻き分けるようにして同神社近くの青風《あおかぜ》山頂に立つと、中山琴主の碑を囲む瑞垣の石の一つに、輝琴の名が刻まれていた。これを機に、玉琴は八雲神社の社中の指導にあたることになる。同行した小木氏は、伊予詣を十数枚の絵からなる絵巻物にして、一色玉琴の水野神社に奉納した。

第五章　飛鳥寺の僧と八雲琴

山本震琴の系譜

中山琴主—黒田琴翁（伊予）—佐草文清（出雲）—笹原正琴（福山）—島田陸琴（福山）—中平遊琴（大阪）—山本震琴（奈良）

一、飛鳥寺を訪ねて

奈良の飛鳥寺《あすかでら》を訪れたのは、昭和六十年九月中頃の残暑の日差しがまぶしい昼下がりであった。同寺の山本雨宝《やまもとうほう》住職は僧侶でただ一人の八雲琴奏者で、四十三年三月、国の無形文化財に指定されている。明治三十六年八月十二日生まれ、八十三歳。琴名を震琴《しんきん》と称する。

三十一年から三十二年にかけて、奈良国立文化財研究所が中心となって行った飛鳥寺遺構発掘調査で話題を呼んだ同寺の跡地には、約百六十年前の幕末に規模を縮小して建立された安居院《あんご》がある。遺構発掘調査で明らかにされたのは、北に向かって中門を入ると、塔を真ん中にして東西に金堂、更に北側に中金堂が位置する一塔三金堂、東西約二百メートル、南北約三百二十メートルに及ぶ大寺であったということである。もとの寺名は、元興寺《がんごうじ》、法興寺《ほうこうじ》ともいい、飛鳥寺は俗称である。

現在の安居院は中金堂の跡地に建てられている。駐車場には、観光バス数台が止まり、参拝客で賑っていた。御本尊の銅製釈迦如来坐像は、飛鳥の大仏といわれて信仰を集めており、観光名所の一つになっている。女性の参拝者が笑いさんざめくのを耳にして、私は八雲琴と同寺がどのようなかかわりを持つのか、不思議に思われた。私は京都、出雲、名古屋へと、八雲琴の伝承を辿って取材を続けてきたが、いずれもが神事に用いられていた。八雲琴を弾奏する僧侶は、山本震琴師ただ一人である。

同寺の若い僧に案内を乞うと、眼鏡をかけた老僧がひょっこり顔をのぞかせた。目が微笑んでいる。囁くような優しい話し方。このお坊さまが山本震琴師であった。

「飛鳥寺は日本で初めて造られた本格的な寺です。五百三十八年に仏教が伝来しまして、五百八十八年、蘇我馬子《そがのうまこ》が物部守屋《もののべのもりや》らを討って、仏教を広めるために建てました。飛鳥寺ができて、ここが帝都に決まりました。聖徳太子は同寺の位置から南へ約千メートルのところにお生まれになったと伝えられています。聖徳太子は朝鮮から学者を招聘して、この寺で青年の教育に当たりました。御本尊の金銅釈迦如来坐像は鞍作止利《くらつくりのとり》がつくり、国の重要文化財に指定されています」

人を柔らかく抱擁する温かな人柄に、私は強く魅かれた。

「当寺は明治十八年頃から真言宗豊山《ぶさん》派となり、はっきりした記録が残る徳川初期の寛永年間から数えて、私は二十三代目の住職でございます」

飛鳥寺は激しい時代の波に翻弄されてきた。だが、八雲琴の幽玄な音色が響き始めたのは、山本師が住職になってからのことである。

師は京都府相楽郡加茂町の仏門に生まれた。父の丸山貫長《まるやまかんちょう》は正倉院の絃楽器を復元するほどの

飛鳥寺

音楽好きで、八雲琴も所有していた。師は十二歳の頃から、父の手ほどきで八雲琴に触れた。大正十一年四月、上京して東京の小石川にある豊山中学校に入学。学資が乏しく浅草千束町で新聞配達をするなど苦学した。父はその頃、奈良県吉野郡上竜門栗野（現在の同県宇陀郡大宇陀町栗野）の大蔵寺《おおくらじ》の住職をしていた。帰省中の大正十二年九月一日、関東大震災がおこり、就学を中断する。約四年間、大蔵寺で八雲琴の研究に没頭したことは、今日ある山本師にとって、非常に重要な時期となった。

ここで、奇縁ともいえる八雲琴の師匠との出会いがある。備後の中村正琴《なかむらせいきん》という人が、丸山貫長の人徳を慕って大蔵寺を訪れた。山本師十七、八歳の頃である。第一の師匠を父とするならば、第二の師匠はこの中村である。

「中村正琴先生は農業をする傍ら、八雲琴の師匠をしていました。大阪の近藤儀琴《こんどうぎきん》の声を聞いたことがあると、中村先生はいっておられました。しかし、中村先生は大本のご信者でしたので、主に大本系の方から八雲琴を習われたようです。先生は知り得る全曲を親切に教えてくれました」

と、山本師は語る。

近藤儀琴は、大阪市南区心斎橋で商売をしながら「浪速吟風舎」という八雲琴の結社をつくって、その道での一大勢力者となっていた人である。

二、丸山貫長と出口王仁三郎

中村の信仰する大本の出口王仁三郎教祖が大正九年五月、約五十人の信者と共に大蔵寺を訪れた。山本震琴師は当時をふり返り、次のように話している。

「出口先生はぽってりと太っておいでで、宗教家と申しますよりは、芸術家タイプの方でした。父と終始物静かにお話しておられ、時にはご自分のお書きになったものを、父に見せていました。出口先生が大蔵寺を訪ねられましたのは、大本の出口なお教祖のお筆先の中に、『世界中の宝物を丸山貫長に預けてあるぞよ』というお言葉があるからでした。父はお会いしたことのない出口なお教祖が、なぜ父の名前をお筆先に記されたのか、とても不思議がっていました。

出口王仁三郎先生がおみえになったのを境に、寺の如意宝珠《にょいほうしゅ》の行方がわからなくなりました。これは経典に作り方が記されているとおり直径三十センチほどの卵形の球で、原材料は六種類ほどです。この球に願いごとを祈り、信仰すると、意の如くになると信じられています。大本では授かったというようなことをおっしゃっておられるので、父は如意宝珠をお渡ししたのかもしれません。そして、奇しきご縁は、王仁三郎先生と同伴された大本の幹部に私の師、中村正琴氏のお兄さんがいらっしゃいました。出口先生と父のお話が終わってから、中村さんのお兄さんが、同行の大本のご信者に何かお話をなさっていました」

出口王仁三郎が丸山貫長を訪ねたことについては、大正九年五月二十一日発行の『神霊界』が特集『龍門号』（資料1）で詳しく記載している。全篇紀行の有様を歌によって表している。一行は出口王仁三郎を始めとして、総勢九十五人であった。参加者の名前を詠み込んだ歌の中に「中村真純《なかむらますみ》」と出ていることなどから、中村正琴の兄は当時の大本教監、中村真純のようである。村の駐在巡査が一行の参拝をこと細かに調べている様子も歌われていて、大正十年の第一次大本弾圧の直前の緊迫した情勢がうかがわれる。

出口王仁三郎は竜門岳《りゅうもんだけ》登山を記念して丸山貫長、豊子夫人、長男の雨宝の姓名を詠み込んだ歌を作っている。

天地《あめつち》の誠《まこと》を丸《まる》め海山《うみやま》に貫《つらぬ》き徹《とお》す長命《ながとし》の聖人《かみ》　　丸山貫長

世《よ》の中《なか》の治《おさ》丸《まる》誠《まこと》山《やま》と積《つ》めは雨降《あめふ》る如《ごと》く宝《たから》より来《こ》む　　丸山雨宝

日《ひ》の丸《まる》の光輝《ひかりかがや》く神国《かみくに》は海川山野《うみかわやまぬ》豊《ゆた》かなりけり　　丸山豊子

（『神霊界』龍門号　大正九年五月二十一日発行より）

大本では、大正六年に正式に八雲琴を神前曲として祭典に採用している。その頃、京都の村田《むらた》友琴《ともごと》らから教えを受けた初代田中緒琴《たなかおごと》が楽長を務めていた。

王仁三郎の訪問を機に、丸山は大本へ招待されて一泊した。大本では、丸山の訪問は大事件であった。

王仁三郎の側近の一人であった前出の木庭次守氏の説明によると、この二人の出会いは次のような〝神話〟となった。

郵便はがき

料金受取人払郵便

天王寺局
承認
17

差出有効期間
2020年3月21日まで

(有効期間中 切手不要)

5438790

大阪市天王寺区逢阪二の三の二

(受取人)

東方出版 愛読者係 行

〒

●ご住所

ふりがな

●ご氏名

TEL

FAX

●購入申込書(小社へ直接ご注文の場合は送料が必要です)

書名	本体価格	部数
書名	本体価格	部数

ご指定書店名	取次	
住所		

愛読者カード

購読ありがとうございます。このハガキにご記入いただきました個人情報は、ご愛読
名簿として長く保存し、またご注文品の配送、確認のための連絡、小社の出版案内
ために使用し、他の目的のための利用はいたしません。

買上いただいた書籍名

買上書店名

県　　　　郡 市　　　　書店

買い求めの動機（○をおつけください）

新聞・雑誌広告（　　　　）　2. 新聞・雑誌記事（　　　　）

内容見本を見て　4. 書店で見て

ネットで見て（　　　　）　6. 人にすすめられて

執筆者に関心があるから　8. タイトルに関心があるから

その他（　　　　）

自身のことを少し教えてください

職業　　年齢　　歳　　男・女

ご購読の新聞・雑誌名

メールアドレス（Eメールによる新刊案内をご希望の方はご記入ください）

言欄（本書に関するご意見、ご感想、今後出版してほしいテーマ、著者名など）

「丸山貫長氏は真言宗の今弘法といわれた名僧です。弘法大師の霊を受けて『タカホコ山に登れ』とのことで、尋ねてもわからず、大和の竜門山頂に行きました。すると夢の中に弘法大師が現れて、黒い如意宝珠の玉を授けて、『この珠を弥勒菩薩に渡せ』と頼まれて目を覚ますと、頭のところに黒い如意宝珠があったということです。調べていくうちに、竜門山を昔、高鉾山《たかほこやま》と唱したことが判明し、丸山貫長氏は竜門山の寺に住んで弥勒菩薩の出現を待ちました」

丸山貫長は竜門の霊夢について書き残している。

「大正元年《たいしょうがんねん》九月《がつ》廿一日《にち》夢中《むちゅう》に一《いち》の童子《どうじ》来《きた》りて言我善如龍王也師国《いうわれぜんによりゅうおうなりしこく》の為《ため》に如意宝幢建立地《によいほうとうこんりゅうち》を志求《しきゅう》す大和国中心《やまとのくにちゅうしん》の高鉾山《たかほこやま》の懐《ふところ》相応《そうおう》の勝地《しょうち》なり我《われ》は是迄《これまで》室生山《むろぶやま》に鎮《しずま》り居処《きょしょ》愚痴《ぐち》の者《もの》池《ち》を汚《けが》し淵《ふち》を濁《にご》し名《な》を痴《ち》し己《おのれ》に法水《ほうすい》の湿《しつ》なければ我此地《われこのち》に移《うつ》り汝《なんじ》が来《きた》るを待《ま》つ速《すみやか》に来《きたつ》て相承《そうじょう》の本尊《ほんぞん》を安供《あんぐ》し正嫡《せいちゃく》の真教《しんぎょう》を興《おこ》せよ」　（同　龍門号より）

木庭氏は、これについて次のように説明している。

「大正九年五月五日、出口王仁三郎聖師は綾部よりはるばる竜門山に登り、丸山貫長師にお会いになりました。『貴方こそ弥勒菩薩』と、霊示に弘法大師より授かりました麻邇《まに》という如意宝珠を、丸山貫長師は出口聖師にお渡しになりました。五月十日、丸山貫長師は綾部にお参りになり、大本の霊山である本宮山《ほんぐうざん》（円山《まるやま》、鶴山《つるやま》ともいう）にお登りになって仏法僧の啼くのを聞いて『ここそ、霊山会場の蓮華台』と称えられました。大本を神諭《ふでさき》で竜門館と申します。大和の竜門山より丸山貫長師が参上して感激されましたこと、実に神秘というべきでしょう」

丸山貫長は、大本で歌詩を詠んで残している。

大正九年五月十日綾部の宮に宿して

たまにきてとまるあやべのかみどのに
はからすもきくぶつはふのこゑ
てをたゝくこゑ

（同　龍門号より）

三、山本震琴の芸統

山本師が二十四、五歳の頃、人生を決定する師匠たちとの邂逅があった。大阪の日本当道音楽会の箏曲家、中平遊琴《なかひらゆうきん》（中平福之都）大検校である。中平は、八雲琴の演奏者がいないことを嘆き、山本師を後継者と見込んで親身に教えた。

八雲琴は、明治初年から三十四、五年頃まで箏曲三絃と併せ、大阪を中心に一般婦女子の間で

無形文化財指定の山本震琴（飛鳥寺住職）

も盛んであったが、明治三十六年頃には、衰退期に入っていた。師が日本当道音楽会で習い始めた頃は、他にほとんど習う者がいなかった。

同音楽会で、岸岡《きしおか》清遊《せいゆう》大検校、富永《とみなが》敬琴《けいきん》大検校、松下おかの勾当の三人の師と巡り会ったことも、八雲琴の奥儀を極めるうえで幸運であった。

「この四人の先生は箏曲家でした。明治初期から中期にかけて、八雲琴が盛んだった頃は、箏曲、三絃と併用していたものです。合奏もよくされました。中平、岸岡、富永の三師は盲人でした。四人の先生は八雲琴の数ある曲をそらんじておいでで、盲人の先生方の音感、記憶はすばらしいものでした。私はとてもそらでは覚えきれないと思い、採譜する作業を始めました。教授料で生活している先生にとって、たった一人の弟子のために教える時間を割くことさえ大変なのに、手間のかかる採譜にまで応じてくれたのは、先生方の寛大な精神のおかげと感謝しております」

山本師は採譜を続け、まとめたものを五十二年二月雄山閣から『八雲琴・楽譜と詳解』上下巻として出版した。近藤儀琴の『新撰八雲琴譜』や、明治二十六年に上梓された土岐達著『八雲琴独習之友』(数字表現の音譜)にはなかった間合いを記入して、学習し易くした。

「中平先生は既に八十歳になっておいでで、よく肥えておられました。岸岡先生は厳格な方で、富永先生は痩せ形で親切な方でした。四人とも、ご自分の会得している八雲琴全曲をお授け下さいました。

先生たちは、各自宅で開業されていましたので、練習は自宅でしました。中平先生のお宅は、当道音楽会の事務所を兼ねておられました。

富永先生のお宅では、忘れることのできない思い出があります。二階建ての家で、いつも私は階下で一人、先生からご教授を受けました。二階では、十四、五人のお弟子さんたちが、箏曲の練習をしております。先生は私に八雲琴を教えながら、二階の箏の音も同時に聴いておられます。階下から、二階へ『そこは違う』と注意しておられました。

ある時、箏曲を習いに来ていた若い男のひとが、私の弾く八雲琴の音を二階から聴いて、習いたいと申し出られました。富永先生は『箏曲三絃を極めないと、八雲琴は教えられない』と申されました。この青年こそ、後に地歌で人間国宝に指定されました鎌倉の富山清琴《とみやませいきん》先生でした。五

前列中央が中平遊琴（昭和４年頃）

十年ほどしてから、飛鳥寺へ訪ねて来られ、二人で楽しく思い出話をいたしました」

山本師は、昭和二年一月、日本当道音楽会久我常通総裁から八雲琴免許皆伝、昭和四年一月、八雲琴第七世継承の系譜一巻を拝受する。

山本師の系統は、系譜を辿ると、第二世・伊予の黒田琴翁《くろだきんおう》、第三世・出雲の佐草文清《さくさふみきよ》、第四世・福山の笹原正琴《ささはらせいきん》、第五世・福山の島田陸琴《しまだりっきん》、第六世・大阪の中平遊琴《なかひらゆうきん》、第七世・奈良の山本震琴となる。

現在では八雲琴演奏者の第一人者となった山本師であるが、数々の人生の転機があった。最大の転機は、大河内海豪和上の勧めで真言宗立専修学林に入学したことである。平岡全教大和上のもとで研鑽して、昭和二年一番で卒業する。父貫長に成績を報告すると、にっこりと相好を崩して喜んだ。そして、三ヵ月後に、八十五歳で逝去した。この年は山本師にとって、人生の大きな節目であった。昭和二年八月、奈良県添上郡大柳生村東福寺住職を拝命する。昭和六年五月、奈良県高市郡明日香村、飛鳥安居院住職へ。八雲琴を弾奏しつつ、仏法者としての道程は平坦なものではなかった。

山本師には、「人生行路あれこれ」という随想がある。次に、その一文を引用する。

其年（昭和二年＝筆者注）、柳生東福寺住職、昭和六年飛鳥寺住職拝命となった。有難いこと乍ら、来てみれば三合寺の極貧、でも過去の事を思えば、自分の世界が出来たのだからと営々として辛苦の中、昭和七年結婚、昭和十三年の支那事変応召となり、九死に一生を得て帰還後、昭和十九年又もや第二回の応召があったが、外地に行かず帰還して、健康男子は更に広島軍需工場へ徴用令が来たので、寺を空ける悩みのため、辰巳利文氏の斡旋で、学校事務長となって約二ケ年奈良盲唖に通勤、引きつづき旧飛鳥村役場職員となる。民生委員の厄介になる直前（夫婦、志津江、房枝、宝純）同様、五人家族の養育のため、一面、世から顧られない寺院の本職も、あてもない時節の到来を待ちつつ、それでも寺としては一年一つづゝは何か物を成すの目標の開拓精神で、小さい乍ら一つ宛事業を企画して、妻の裁縫内助と相俟って臥薪嘗胆、いつ果つることもなき役場事務にも専念し、其間、消防、衛生、選挙などから、経営困難の国民健康保険、さては議会書記迄も、殆ど一手に引受け、三面六臂、平田、坂本、河合、森と四代村長を経て、昭和三十三年、十有三年間盛年期の止む得ない労費となったが、新明日香村機構改革を期として、涙を呑んでついに別れを告げることになってからも、幾多の急坂があって、昭和四十六年八月二十日、四十年間縁あった糟糠の妻（六十三歳）と永別することになり、母は三年後、昭和四十九年八十八歳にて亡くなって、自分は八十三歳の高齢になってしまった。でもかくして半世紀の間、飛鳥寺を守りつゞける傍ら八雲琴も捨てず、現在に至る。（原文）

そして、最尾に寒山詩の一節、「秤鎚落東海　到底始知休」とある。

山本師の静かな、温かな人柄は、この境地から生まれてくるのだろう。

四、仏法と八雲琴

では、仏法者としての山本師にとって、八雲琴とは何であるのか。師は、次のように語っている。

「私の師のおおせられるには、大国主の神像、これに代わって石、金属、水晶の玉、又は鹿島の弁財天女像、或いは伎芸天女像を祀るとなっています。花は榊、又は時花を立てることになっています。私は、そのうち、芸術の神、伎芸天を安置しています。

仏教の教えからいいますと、音楽は仏を供養するもの。大日如来のお傍には、金剛歌菩薩《こんごうかぼさつ》、金《こん》剛舞菩薩《ごうぶぼさつ》など、さまざまな役割を持った菩薩がいらっしゃって、仏を供養しておられます。私はこの金剛歌菩薩の三昧で、八雲琴を弾くことを信念としております。

八雲琴を弾く境地は菩薩の本性になることで、そうすることが百千の経典に匹敵するものとして、功徳無辺なることが信じられてきました。三昧とは、琴を弾くことによって神仏になり切ることで、これが大日如来に供養する業となるわけです」

中山琴主と同時代で、備後に盲人の葛原勾当《くずはらこうとう》がいた。西日本で鳴らした箏曲家で、中山琴主とほぼ同じ頃、二絃琴を創案したと伝えられる。盲人用の木製のひらがな文字の活字を発明したり、紙折り物や紙撚りの細工を教えた。文政十年（一八二七）から天保七年（一八三六）までの十年間の日記が残されており、勾当の孫、葛原齒《くずはらしげる》が大正四年十月上梓している。

葛原勾当の郷里は広島県深安郡神辺町八尋《ふかやすぐんかんなべちょうやひろ》で、菩提寺の真言宗蓮乗院《れんじょういん》には、ゆかりの品々が保管されている。同寺のすぐ傍にある勾当の家の前に、記念碑が建っている。勾当百年祭が五十五年九月に地元で催され、山本震琴師が記念演奏をした。

「葛原が京の琴師のところへ二絃琴の制作を頼みに行って、初めて中山も二絃琴を作ったことを知った、といういい伝えがあります。その後、中山と葛原は尾道で幾度も出会って師弟の契りを結んでいます。中山は、葛原へ『八雲琴秘伝書』を授けています。初伝、中伝、奥伝など五巻に分かれ、署名は安政三年（一八五六）三月、備後国尾の道、吉村浦琴の楷楼、中山《なかやま》加賀守《かがのかみ》八雲琴《やくもこと》主《ぬし》となっております。奥付には『右條は調べ中の大秘事と雖も執心の篤きにより固辞すること能わず。今般授与し畢《お》はんぬ。然る上はこの後、他人は勿論親子兄弟たりと雖も相伝なき者においては毛頭他言漏らさるべからざる者なり。よって免許件の如し……』と記されています。

歌謡法や作法百般について述べています。例を挙げますと、琴の演奏の時は必ず名香を焚き、決まったお唱えをして軽く三礼してから弾き始めます。その香は香道の規則によると記されています。神仏が紫の香煙に乗って来迎されるといわれています。心気大円の中にある気分で演奏を始めるのです」

それは、声明を唱える心と相通じているという。

ひとつの謎がある。『八雲琴譜』の安政初刷板で見えている葛原勾当《くずはらこうとう》の名前は、明治の改板では他者の名前にすり替わって消えていた。葛原だけではなく、地歌箏曲家の名前がほとんど抹消されている、と評論家平野健次氏が指摘している。

「約百四十曲の八雲琴譜のうち、中山琴主先生の作曲は十曲から二十曲までと思います。中山先生はいろんな人が作曲したものを『八雲琴譜』として元本で編んでおられる。元本に載った作者名を除くことは、中山先生のお心に沿わないことと、残念でなりません。葛原の力で、二絃琴は中国から関西にかけての箏曲家に行き渡るようになり、明治初期から中期にかけての全盛期を迎えることになります。葛原を始めとする箏曲家の努力は、伝承のうえでもっと評価されてよいですね」

山本師は八雲琴を東洋音楽の一つと考え、宗教儀式から解き放つべきだと主張する。

「八雲琴はこうあらねばならないということではなく、広々とした宇宙を包含する心で弾きたいものです。日本の古典音楽として、多くの機会を捉えて紹介したいです」

山本師の幅広く、精力的な演奏活動がその気持ちを表している。師の最近の活躍の一部を拾ってみよう。

昭和五十八年一月二十三日、毎日ラジオ「明日香からの手紙」古典シリーズ演奏。三月十三日、読売テレビ「遠くへ行きたい」出演。四月二十七日、NHK奈良テレビ「ニュースワイド」出演。同月三十日、NHK奈良テレビ「明日香の響・二絃琴」出演。五月二十六日、NHKラジオ「万葉歩く会」出演。

昭和五十九年一月十五日、NHKテレビ「わがふる里と題す」出演。二月一日、朝日テレビ放送で八雲琴の紹介。五月二十日、第八回赤旗まつり大和郡山城址で演奏。六月十四日、明日香村文化協会事業八雲琴教室満四年記念日を迎える。十月十二日、秋の国体前夜祭式典開き。

毎月のようにテレビ、ラジオ、各種団体主催の演奏会に出演している。高齢にもかかわらず、貪欲にあらゆる機会を求めて八雲琴の披露に努めている。山本師は今、命をかけて、神曲八雲琴を世界に誇る東洋音楽として、世に認めさせようとしているのである。明日香村文化協会では、山本師の指導で明日香村に定住する者を対象に、八雲琴の後継者を育成している。

（資料1）

十六

雲巻山《うんかんさん》は大蔵寺《おおくらじ》　古昔《むかし》は七坊立《しちぼうたち》並び
　仏法隆盛《ぶっぽうりゅうせい》を極《きわ》めしも　月日《つきひ》は変《かわ》り星移《ほしうつ》り
法《のり》の教《おしえ》も村雲《むらくも》に　巻《まか》れて暗《くら》き大蔵寺《おおくらじ》
　弘仁元年空海《こうにんがんねんくうかい》が　帰朝《きちょう》してより三年目《さんねんめ》
三十七の壮齢《そうれい》で　初《はじ》めて真言宗《しんごんしゅう》を建《た》て
　嵯峨《さが》の帝《みかど》も行幸《みゆき》あり　開基空海勅《くうかいちょく》を受《う》け
茲《ここ》に当寺《とうじ》を開《ひら》きける　此霊山《このれいざん》に詣《もう》でんと
　丸山和尚《まるやまわじょう》の案内《あんない》に　一行登山膝栗毛《こうとざんひざくりげ》
進《すす》む坂道空海《さかみちくうかい》が　一夜《や》に開《ひら》くと云《い》ひ伝《つた》ふ
　衣掛松《きぬかけまつ》も朽果《くちは》てゝ　只旧株《ただふるかぶ》の憐《あわ》れにも
仏法衰微《ぶっぽうすいび》の跡止《あとと》めぬ　世《よ》は常暗《とこやみ》の無明橋《むみょうきょう》

大蔵寺《おおくらでら》の本坊《ほんぼう》の　文珠院裏《もんじゆいんり》に参入《さんにゆう》し
一同茶菓《どうさか》の饗応《きようおう》に　身魂《みたま》の疲《つか》れ払《はら》ひける

十七

大円鏡智《だいえんきようち》五六七《みろく》神《しん》　瑞《みず》の御魂《みたま》に寄宿《ぎしゆく》して
真言秘密《しんごんひみつ》の道場《どうじよう》に　出御《しゆつぎよ》ませ共僧俗《ともそうぞく》の
知《し》らぬが仏《ほとけ》神《かみ》ならぬ　人《ひと》の身魂《みたま》の是非《ぜひ》もなく
神智仏識《しんちぶつしき》アラヤ識《しき》　早《はや》く玄理《げんり》を悟了《ごりよう》して
無道無明《むどうむみよう》の現界《げんかい》を　一日《ひとひ》も早《はや》く照《てら》せかし
真言僧侶《しんごんそうりよ》も数《かず》あれど　長谷寺《はせでら》牡丹《ぼたん》に魂抜《たまぬ》かれ
祖師《そし》の法会《ほうえ》も知《し》らぬ顔《かお》　円《まる》い頭《あたま》の持主《もちぬし》も
心《こころ》は四角八面《しかくはちめん》に　利慾《りよく》に鎬削《しのぎけず》るらむ

十八

諸行無常《しよぎようむじよう》と鳴《な》り響《ひび》く　大鐘楼《だいしようろう》の鐘《かね》の声《こえ》
合図《あいず》に丸山貫長師《まるやまかんちようし》　法衣《ほうい》を着替《きか》へ従僧《じゆうそう》を
率《ひき》ゐて師堂《しどう》に参入《さんにゆう》し　老若男女《ろうにやくなんによ》ばら〳〵と
参集恭敬御宝前《さんしゆうくぎようごほうぜん》　老師《ろうし》の読経《どくぎよう》稍《やや》しばし
熱誠《ねつせい》籠《こ》めて勤行《ごんぎよう》あり　王仁《わに》霊前《れいぜん》に端座《たんざ》して
今日《きよう》の法会《ほうえ》に座《ざ》を並《なら》べ　弘法大師《こうぼうだいし》の大遺業《だいいぎよう》

いま更《さら》の如《ごと》感激《かんげき》し　心《こころ》の駒《こま》もはやりける
降《ふ》りみ降《ふ》らずみ雨《あめ》の空《そら》　気遣《きづか》ひしてか意外《いがい》にも
賽者《さいしゃ》の数《かず》は少名彦《すくなびこ》　薬師如来《やくしにょらい》を慕《した》ひ来《く》る
善男善女《ぜんなんぜんにょ》は百余名《ひゃくよめい》　至誠《しせい》を凝《こ》らして祈《いの》り居《お》る
涙《なみだ》の雨《あめ》や法《のり》の雨《あめ》　汲《く》み取《と》りますか空界《くうかい》は
無明《むみょう》の暗《やみ》を晴《は》らしつゝ　天津日影《あまつひかげ》も出《い》でましぬ

十九

会式《えしき》も済《す》みて僧俗《そうぞく》の　文殊本堂《もんじゅほんどう》に休憩《きゅうけい》し
斎《とき》を戴《いただ》く折《おり》からに　我一行《わがいっこう》の長髪《ちょうはつ》に
肝潰《きもつぶ》せしか厳《いか》めしく　洋刀《ようとう》提《さ》げしポリス君《くん》
王仁《わに》の側《そば》へは得《よ》く寄らず　朴直一途《ぼくちょくいちず》の村人《むらびと》に
頭毛《あたま》の長《なが》い人物《じんぶつ》は　何処《どこ》の者《もの》かと尋《たず》ねつゝ
大本教《おおもときょう》の教主補《きょうしゅほ》が　龍門開《りゅうもんひら》きの一行《いっこう》と
聞《き》くより轟《とど》ろく胸《むね》を撫《な》で　沓脱《くつぬ》ぎ捨《す》てゝ本堂《ほんどう》に
上《のぼ》るや薫《かお》る般若湯《はんにゃとう》　世話方連《せわかたれん》のすゝむまに
帽《ぼう》も洋刀《ようとう》も取外《とりは》づし　筍《たけのこ》ワラビ揚豆腐《あげとうふ》
野菜《やさい》の浸《ひた》しに舌鼓《したつづみ》　一盃《ぱい》二盃《はい》三五盃《はい》
処《ところ》で吠《ほ》へぬ犬《いぬ》はなし　村弁慶《むらべんけい》のポリス君《くん》

御機嫌斜《ごきげんななめ》ならずして　赤丹《あかに》の頬《ほ》にと聞食《きこしめ》し
赤弁慶《あかべんけい》と早変《はやかわ》り　弘法大師《こうぼうだいし》の利益《りやく》より
御酒《みき》の味《あじわ》ひ有難《ありがた》く　舌《した》もつれてヒヨロ〱と
前後《ぜんご》も知《し》らぬ大蔵寺《おおくらじ》　生《なま》クラポリス帰《かえ》り行《ゆ》く

二十

王仁《わに》の一行《こう》丸山師《まるやまし》　神戸《かんべ》の村《むら》に立向《たちむか》ふ
後《あと》に中村教監《なかむらきようかん》は　薬師《やくし》の本堂《ほんどう》に馳登《はせのぼ》り
集《あつ》まる数多《あまた》の参詣《さんけい》に　末法濁世《まつぽうじよくせ》の有様《ありさま》を
懸河《けんが》の弁舌滔々《べんぜつとうとう》と　説明《ときあか》したる赤心《まごころ》を
感激《かんげき》せざるはなかりけり　中《なか》に一人《ひとり》の洋刀《ようとう》が
忽《たちま》ち開《ひら》く豆手帳《まめてちよう》　一々細々書留《こまごまかきとむ》る
何《いず》れ本署《ほんしよ》へ報告《ほうこく》の　手柄《てがら》にせんず心掛《こころが》け
職務《しよくむ》に熱《あつ》き行動《こうどう》は　薬師大師《やくしだいし》も感《かん》ずらむ
演説了《えんぜつおわ》るや忽《たちま》ちに　心《こころ》の駒《こま》に鞭《むち》打《う》ちて
客松山《きやくまつやま》の自動車屋《じどうしや》に　明日《あす》の乗車《じようしや》を約束《やくそく》し
霧雨《きりさめ》そぼつ県道《けんどう》を　牧村《まきむら》さして帰《かえ》り来《く》る
木綿羽織《もめんはおり》を引《ひき》かけて　丸山老師《まるやまろうし》の純也迄《すみやまで》

（『神霊界』特集　龍門号　一部抜粋）

第六章　神伝八雲琴の心

一、中山琴主と八雲神社

名古屋の一色玉琴、妹の幸琴が伊予の中山琴主の故郷、愛媛県宇摩郡土居町天満の八雲神社へ八雲琴の教授に出かけたのに触発され、私は昭和六十年九月末、同神社の参拝を実現することができた。宇野から高松まで、ホーバークラフトに乗って約二十分、行き交う連絡船や貨物船が漂うように見えるほどの高速で、あっけない四国渡りであった。

伊予土居は、高松と松山のちょうど中間に位置している。快速電車で予讃線を下ること約二時間、駅頭に降り立つと、すでに昼下がりであった。西宮市の拙宅を出発したのが朝の五時半であったから、やはりこの地は遠い。

中山琴主は土居町天満で出生し、人生のほとんどを他所で過ごしたにもかかわらず、最晩年に同地に帰って終焉を迎えた。駅前でタクシーを拾い、小さな商店街を通り抜けると、黄金色の中にもまだ熟し切らない青さを残す稲穂が広がっていた。田の中の道を十分ほど行くと、山際に八雲神社が見えてきた。

私は、前の宮司の故近藤恒雄氏の妻、和枝夫人から話を聞くことにした。当神社の祭神が、須《す》佐《さ》之《の》男命《おのみこと》と奇稲田姫命《くしなだひめのみこと》であることを和枝夫人に確認すると、その二神と、さらに手名椎命《てなずちのみこと》をお祀りしてあると、教えられた。

私は、三柱の神の神話の中での役割を思い浮かべた。あえてこの役割という表現を使うのは、神話の中の出来事すべてを創世のための神事とみなしたいがためである。登場するあらゆる神々の関係と行動は、仕組まれた神々の世界の体系の現れである。壮大無窮な神劇は、神、即ち真理が人間の姿をとって現れていると考えたい。

この三柱の神は、八岐大蛇《やまたのおろち》退治に登場する。須佐之男命が姉の天照大神に乱暴を働き、高天原から追放されて肥河《ひのかわ》（現在の島根県仁多郡の斐《ひ》伊《い》川《かわ》）に来ると、老夫婦が泣いていた。夫が足名《あしな》椎《ずち》、妻が手名椎で、須佐之男命が大蛇を退治して助けるのが、老夫婦の娘の奇稲田姫《くしなだひめ》である。須佐之男命からみると、奇稲田姫、手名椎は妻と姑であるから、八雲神社は大蛇を軸に、実に農耕神が家庭的に集い祀られている。即ち農家の姿となる。だが、なぜ大国主命でも天照大神でもなく、八岐大蛇にまつわる三神を祀るのだろうか。そのことは、和枝夫人にもわからない。

「当神社では、一月七日に牛馬安全祭が行われ、以前は農家の主人に連れられて牛がお参りにまいりました。須佐之男命は神仏混淆時代には牛頭天王《ごずてんのう》といわれて、牛馬の神さまでした。お参りにくる牛の数も農業の機械化に伴って減って、ついにはなくなりました。昔は川之江あたりからも悪疫除けの神さまとして参拝にまいりましたが、現在では町内の参拝者に限られるようです」

八雲神社には、神社由来に関する詳しい古文書は残っていない。和枝夫人の祖父、茂が明治三十六年神祇庁に書類を提出する際に書いた由来書が、僅かに残されている。

同神社は元徳二年（一三三〇）八月に草創され、天満村字祇園の宮山の山上に鎮座し、その昔は牛頭天王宮と称した。正保三年（一六四六）、平地に新殿を建設し神々を遷し奉り、明治二年十一月十日、郷社八雲神社と改称した。牛頭天王といえば、インド祇園精舎《ぎおんしょうじゃ》の守護神と伝えられ、須佐之男命の本地仏のように信じられている。除疫神として京都祇園社（八坂神社）、尾張の津島神社にも祀られている。八雲神社の前身は祇園社の流れを汲むもので、古い時代のこの地の「祇園」という地名が、それを物語っている。

八雲神社

「須佐之男命がこの地に来られて、社殿の山の中腹に仮の家を持ってご逗留されたところを尊んでお宮とした、という伝説が残っています。また、馬に乗って飛び降りられたところの石が、蹄の跡を二つ刻んで道の真ん中に残っております。子供の頃、石を踏んだらばちがあたるといわれ、お米を供えて拝んで通りました。二、三年前に道を舗装するため、一時埋められましたが、最近になってまた出してもらい、現在見ることができます。『おんまの足め』と呼んで敬われていますよ」

と、和枝夫人は語る。

山に鎮座している頃、毎夜拝殿で剣術の試合をするような音がしたり、話し声がしたりする。行ってみると、拝殿には誰もおらず、変わったこともなく静まりかえっている。これは、天狗の類の仕業といわれたという。ちなみに社の傍に大松があり、遠くから見ると天狗の姿に見えたので、天狗松と呼ばれた。

「この由来書を書くにあたっても、古老のいい伝えによるものが中心で、年代についてはほんの僅かな記録しかなかったようです。二、三年前に、拝殿裏の宮山の上の神社跡に牛頭《ごず》天王宮《てんのうぐう》跡という石碑を建てましたが、このあたりであったという古老の言葉に頼りました」

幕末まで牛頭天王宮と称し、明治維新の神仏分離令から後に八雲神社となった。では、なぜ八雲神社なのだろうか。和枝夫人の説明は続く。

『八雲立つ出雲八重垣』の須佐之男命のお歌からつけられたものでしょうか。中山琴主の意見が入ったと思われます」

天日隅宮《あめのひすみのみや》で創案した二絃琴も、須佐之男命の歌から八雲琴と命名されている。

「曽祖母の古代《こよ》の話として母八重子が語ったことですが、古い宮司宅には琴主先生のお部屋があって、京からお帰りになられた時には、そこにお住まいになられたそうです」

和枝夫人のこの言葉は、琴主には帰るべき家がなかったことを示している。

中山琴主は享和三年（一八〇三）、天満村で加藤大策正昌、八重子の長男として生まれた。幼名を正衛、加賀之助と称し、寿永《ほぎなが》は号である。本名を元徳といい、父の名は岸左馬進正昌とも伝えられている。琴主の姓が中山、加藤、岸と異なるのはなぜか。そのことについて和枝夫人は、

「加藤姓は琴主先生の母方の姓です。生家は天満村の上天満という地域にありまして、八雲神社の氏子でございました。岸姓は父方の姓で、お家は下天満で医者をしていたということです」

と答えている。

実弟といわれている大岸元琴については、地元では全く知られていない。

「琴主先生は小さな頃に目がいくらか悪く、当神社にも熱心に参籠されたそうです。七、八つ頃から、天満の実家にはいなかったという人もいます。ここから七キロほど離れたところにある関の峠というところで、吉の都という師匠から、三味線や浄瑠璃を習ったそうです」

琴主は十四歳の頃に郷里を離れ、京へ向けて出立している。京へ芸の修業に出かける気負いや、肉親、知人による歓送はなく、眼病を患いながら薄幸の身の置きどころを他地に求めて出奔した感すらある。琴主の両親も、この天満村に長くとどまってはいなかったのではないか。私はふと、そんな気がした。

ほとんど郷里を空けていた琴主にとって、八雲神社は郷里での唯一のよりどころであった。

「当神社の五代宮司、近藤出羽頭益春、六代近藤益載《ますのり》、七代近藤益雄の三代にわたって、琴主先生とはおつきあいがあります。益春は琴主先生の子供の頃の宮司です。益雄は私の曽祖父で、琴主先生の晩年に宮司をしておりました。曽祖父の亡くなる約七カ月前に、琴主先生がご他界されています。先生は宮司から国学などを学ばれたことと思われます」

中山琴主は近藤益春、益載親子の歌を、自ら編纂した『八雲琴譜』の中に収録している。

ひとならぬ八雲小琴の二筋を造り初めしは八雲路の神　　伊予　近藤益春

治まれる御世のためしと天地のしらべも清し二つ絃の琴　　同　近藤益載

二、大田大明神と青風大明神

中山琴主は七十を超えて、京都深草から郷里に戻ってくる。和枝夫人は晩年の琴主を偲びながら、言葉を噛みしめるように語ってくれた。

「お帰りになった時は、かなり裕福でおられたのだろうと推測しております。村人のために道をつくったり、石の橋をかけたり、神社へ御旅所の土地を寄進されたりしておられます。また、当社より北西にあたる青風山の山頂に、青風神社と大田神社をお祀りされ、毎年のお祀りの費用を自分の土地の年貢を充てるように取り決めておられます。青風神社には青風大明神を、大田神社には大田大明神をお祀りしてあります。いずれも出雲から琴主先生が勧請された神さまです」

このことは、八雲神社に琴主から近藤益雄あての取り決めを記した帳面が残されていたことから、明らかになった。

地元では青風神社の方が「風の神さま、青風はん」で知られている。大田神社の大田大明神はどんな神性なのか、和枝夫人にもわからない。『八雲琴譜』後書きの中に、大田大明神と青風大明神の神名が出ていると、和枝夫人は指摘した。『八雲琴譜』の神々の世界が、青風山の山頂でも繰り広げられているということであろうか。『八雲琴譜』の中に神の素顔を窺うことができないだろうか。次に、その一部を引用してみたい。

安政二年五月十四日、鞆の浦の祇園の社の広前で、玉の浦の八雲琴の社中と一緒に演奏を奉納し、その夜は直ちに玉の浦へ戻りました。明けて十五日、私は浮御堂熊野神社へ参拝しましたところ、神主の儀順宿禰のご様子が俄にお変わりになって、我は大田大明神也と詔りたまわれます。神がかりになられた御様子なので、お傍にいた方が、大田大明神とはいかなる神さまで、ここへどんなご用事でおでましになられましたか、と窺い奉りますと、その神さまが申されますことには、昨日鞆の社に八雲琴の奉納があり、そのお琴の守護にまかり出でたので、今夜はこの社に御宿を願い出たのであるぞ、と申されます。そこで、八雲琴とはどのようなものでございましょうとお窺い致しますと、神つ代の神宝である天の沼琴が途絶えて久しいので、大神が筑紫から陸奥まで天の沼琴を再興するにふさわしい人物を長の年月お探しになられたところ、このごろ中山小千の通郷と申す者、大神の御心に叶わせ、その者に御神託あらせられ給いた。再興された天の沼琴は八雲琴と申して、その形は葺不合命《ふきあえずのみこと》の御制作である。爪転管節等は春日大明神の御心煩わせ、二筋の絃は、大国主命のすげさせ給いたものであるぞよ。中山に御神意を下され、天の下にあまねく広めさせ給うものである。あを風大明神が中山を日夜守護し給うぞ。また、八雲琴を極めようと努める者にも、あを風大明神がお守りして幸いをもたらそうぞ。この大田大明神の御神託があったので、熊野神社の境内に大田大明神を御祀り奉る御社を勧請し、八雲琴を一面、箱に納めて御奉納しました。

その後、月日が経ってから、中山先生の門人で黒田琴翁と申すおひとが熊野神社にやって来られ、私たち社中ともども八雲琴の演奏を御奉納になりました。初めに琴翁様が演奏されながらお歌いになられ、それから一座の者が次々に弾奏致しました。そして、終わりに再び琴翁様が神風の曲をしらべられました時のことです。誤って、八段と九段を取り違えてお弾きになられましたが、一座の中にはこの曲を知っている者がいなかったことを幸いにして、そのまま、琴翁様は最後までお弾きになられました。と、又、神主の御様子が俄にお変わりになられ、のたまわれますことには、我は大田大明神であるぞよ、今宵は皆の者、八雲琴を奉納いたしてくれ、めでたいことよ。それは感心なこととして、神風の曲は段が間違っていて不出来であった。しかれども、琴翁は中山のもとで八雲琴を熱心に修練しているので、これからも守ってつかわす。先に来たものが八雲琴を奉納してくれその心を愛でておるのだが、爪転管が付いていないため弾くことができないぞよ。なるべく早く、春日の鹿角を取り寄せて爪転管を作るように。鹿の角の余りで、その方たちのものも作るがよい。

琴翁様は中国の学問に通じたお方であるが、このように大田大明神が宣われるのを聞いて、奇しきなることかなと大変感激され、一座の者たちも神の御神託に篤く御礼申し上げて帰宅致しました。その三日後、美しい二本の鹿角が社の広前にいつの間にかお供えされていたので、不思議に思いながらも、それで爪転管を作って奉納致した次第です。

ところで、伊予松山の道後湯の神社へ、黒田琴臣殿から八雲琴一張りを奉納されましてから、神殿に時々八雲琴を掻きならす音がはっきり聞こえてくるので、社の人たちが行ってみますと、その音はたちまち止まってしまいます。こんなことがしばしばありますので、委細を文書にしたためて、中山先生へ問い合わせました。その中で、あを風大明神と申し奉る神さまは、いずれの古文書に出てまいりますか、詳しくお知らせ下さいとお伝え致しましたところ、大和国三輪なる大田た爾《(マヽ)》この命ですとのご返事がありました。そこで、この神さまにどのような趣で八雲琴の音をお立てになるのか、御神託をお窺いしましたところ、そのようなことをした覚えがないと、宣われるばかりです。

そうこうしていますと、薩摩の国鹿児島田毛《たけ》村で大田大明神と大名持命をお祀りしていることを、薩摩の是枝生胤殿よりうけたまわりました。中山先生は平素あやしい出来事にお遭いになられても少しも取りあわれない性格でいらっしゃるので、そのままとなって年が経ちました。

中山先生は去年の秋より京・深草の霞谷に庵を結ばれてお籠りになられ、『八雲琴譜』の草稿執筆に専念され、毎夜、稲荷の御社に詣でられておりますと、九月六日の夜のことでございます。同じ郷里の大藪次郎蔵と申されますお方が参拝されておられましたが、この方のご様子が俄にお変わりになり、大田大明神と宣り給われました。それでは、先年、備後国尾の道浦にお出ましになられた神さまですか、と中山先生からお尋ねになりますと、いかにもその通りであるとのご返事です。

その方、幾年月、八雲琴の習練に心を尽くしてきたによって、音楽の神、あを風大明神が守護し給いて、その方を始め門人たちにもまたとない幸いをもたらし、又、神の御心にそぐわぬともがらを戒めたこともあった。又、そなたが編纂中の琴譜の中に、昔の歌に託して神意を伝えたが、気がつかなかったかや。その方は神託を疑うておるふしがあるから、これからは心を高こうせい。

このように、神さまからいたくお叱かりを受け、中山先生もいたく畏み、お詫び申し上げてから、この度はいず方へ御鎮座になられ給いしかとお窺いしましたところ、剣石大明神に居ると宣り給われました。そして、なんなりとも納得がいかぬことあらば聞くがよい、今夜はこれで帰るとの詔りごとともに、神がかりしておられた大藪殿は倒れておしまいでした。このような奇しき出来事を、中山先生はお手紙にしたためられて、お伝え下さいました。本当に不思議といおうか、めでたいというべきか、この八雲琴は、東陸の奥から筑紫の果てに至るまで、神徳の御加護をいただいていますことよ。門人の中には、嵐の舟旅で危ういところを助かったという話も大変多く伝えられており、そのほか不思議な御加護、幸いをもたらされたことなど、あまたございますが、とても筆で表し尽くすことはできません。ここに、そのほんの少しの出来事を述べさせていただき、八雲琴の修業を積んでいる娘たちの心を励まさんものとして、御神託のあったままを記したものであります。

備後国玉の浦人児玉開琴

八雲琴にまつわる神々の御神託について、児玉開琴が見聞きしたところを語り、己未のとしの冬のなかば、求められて櫪園浜士という号の人が記したものである。

大田大明神は、まず備後の国熊野神社で憑依した。神主の口を借りて八雲琴の社中、児玉開琴に、児玉ら社中が前日に鞆の浦祇園社で奉納演奏した八雲琴の守護に現れたことを伝えている。大田大明神は児玉の問いに対して、八雲琴は中山琴主に神託して、神宝天の詔琴を再興したものであると答えている。

八雲琴を制作するにあたり、葺不合命、春日大明神、大国主命が関与し、あを風大明神は琴主を守護しているという。熊野神社を舞台に、伊予の黒田琴翁が曲を間違って弾いて大田大明神から叱られたり、爪転管を作るための鹿角がいつの間にか社の広前に供えられていた、などの不思議な出来事を通じて、この未知の大田大明神なる神威を知らせている。

やがて大田大明神は、中山琴主の目の前にも、京の稲荷の社で参拝者に憑依して現れる。大田大明神は琴主にあを風大明神が音楽の神であることや、琴主が編纂中の『八雲琴譜』の古歌に神意を託していることを告げている。八雲琴と中山琴主について、大田大明神の神託という形をとって説明しているのである。

この託宣、即ち八雲琴が天の詔琴を再興した神世の神宝であること、中山琴主が再興の神託を受けたということを確立するためには、大田大明神、あを風大明神の神威を蒼生《そうせい》に明示してみせなければならない。この二神の存在を琴譜という体裁をとって宣言したのが、『八雲琴譜』であった。

同書に記されているのは、大田大明神が代表して伝えた、八雲琴にかかる葺不合神、春日大明神、大国主命、あを風大明神の神意である。『八雲琴譜』の後書きの、しかも最末尾に遠慮がちに「八雲琴の修業を積んでいる娘たちの心を励まさんもの」として、児玉開琴名で収めた一文こそが、『八雲琴譜』の眼目ともいえるものである。

そして、八雲琴の神、中山琴主の守護神である両大明神の祭場として、生まれ故郷の青風山山頂を選んだのであろう。

三、加藤ウタと生源寺勇琴

中山琴主は出雲で加藤仲之介を養子にしたが、天満に帰ってから親類の加藤長次を新たに養子に迎えている。和枝夫人は、

「琴主先生は弟子もなく、この地方の方言で、ぼれる、といわれる恍惚の人とおなりで、偉人の最期としては哀れでした。かなりお持ちだった土地も手放されたようです」

と話す。

長次には、ウタという姉がいた。男勝りで、琴主の失った土地を取り返そうとして頑張ったという。マニラに渡ってマッサージ師になっている。

「ウタさんのおかげで、神社のお祭りもかなり盛んにすることができた時代がございました。ウタさんは一生独身でした。大正時代、まだ祖父茂が生きている頃に、外地からこの天満に帰ってまいりました。琴主先生が亡くなった家の近くでお菓子屋さんを開いたので、当時小学生の私は、曽祖母の古代お婆さんにつれられて、お菓子を買いに行ったものです。

ウタさんは背が高くて、しっかりした顔立ちをしておられ、身体全体に毅然とした感じが漂っ

ておいででした。神仏の信仰が篤く、家の中に特製の大きな祭壇を作りまして、お不動さまをお祀りしていました」

琴主が愛用した八雲琴は宮司宅の床の間に置かれたままになって、弾く人もいなかった。和枝夫人の説明が続く。

「私が三歳の時、琴主先生のお墓参りに台湾から大本教の生源寺勇琴《しょうげんじゆうきん》という女性の方がやってまいりまして、当神社や加藤ウタさんの家などに約一週間滞在したことがございます。生源寺さんは八雲琴の奏者で、私の母の八重子や知人の阿部フミ子さんら、このあたりの主婦四人に八雲琴を教えました。私は母たちが琴を習うのを見てから、自分も八雲琴を弾いてみたくて、じゃらじゃら指で絃を触ったものでした」

ここに一枚の写真が残されている。青風山の琴主の碑の前で撮っているものである。左端に三歳の和枝夫人、それから右の方へ和枝夫人の母の八重子、曽祖母の古代、阿部フミ子、加藤ウタらが、生源寺勇琴と一緒に琴を前にして写っている。この写真で見る限り、生源寺は五十歳を過ぎているだろう。

母、八重子の日記がたまたまみつかった、と和枝夫人が見せてくれた。それには、

「昭和七年十一月二十一日　山田勇琴さん（生源寺さんの旧姓）来る。夜市場（地名）の方で弾き、母、主人、井上さんらが聞きに行った。明日から阿部さんと私とがお琴を習うことになっ

青風山頂の琴主の碑前で

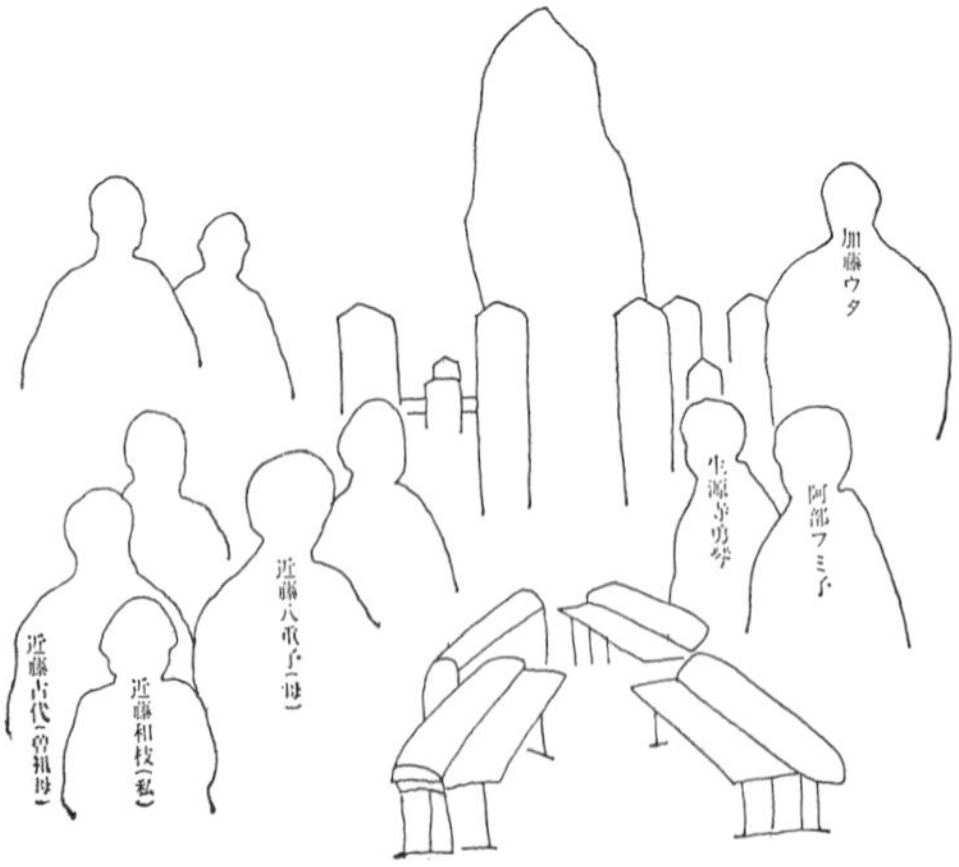

た」（カッコ内は筆者の注）

とある。また、

「同年十二月二日　日がたつにつれて、先生からいろいろ話を聞けば、大本の宣伝使である。そして、なかなか大きなことばかりをいう。ついには自分に入信を勧む」

とある。

和枝夫人は語る。

「勇琴さんのお父さまは東京の方で、山田和水《やまだわすい》と申しまして、琴主さんの手帳の中にもそのお名前が記されています。お母さまは素伝琴《そでごと》で、御両親が直弟子でした。母は生源寺さんに好感を持てなかったようです。神社の者に入信を勧められたことが、癇に触ったようです。生源寺さんは十二月三日に神戸の息子さんのところへ出発なさっています。山田和水がどんな人物なのか、わかりません」

八重子の日記は、増築工事の際にみつかった。八雲琴伝承を心がけている和枝夫人にとって、この日記が神さまのお導きのように思われた。

四、蘇る琴の音

祖父茂が書いた、明治三十六年から亡くなる大正十三年までの日記もみつかった。茂は小学校教諭を退職後、八雲琴ゆかりの人々を訪ねている。その中に、明治期大阪で「浪速吟風舎」を設立、初めて音符付きの『八雲琴譜』上下巻を著した近藤儀琴《ぎきん》（儀兵衛）がいる。その日記に、次のような文章がある。

「近藤儀兵衛氏。天満村近藤弥一氏の血脈。父ヲ儀八《ぎはち》ト申ス。本人妻君ハ寒川河村ナリ。菊岡検校ノ子トナリ、本業ハ医ナリ。初ハ三味線ヲ習ウ。明治六、七年ヨリ中山氏ニ付ク。大阪ニテハ二十七、八年ノ頃、八雲琴流行。目下大阪ニテハ弾クモノナシ。八雲琴糸ハ大阪ニ売店アリ。儀兵衛氏ハ目下、耳、目、手、共ニ自由ヲ欠ク。大阪ニテハ、昔四軒位……（不明部分）家ナシ。儀兵衛氏ハ今年七十四歳、神社ノ祭典、此ノ琴ノ弾ジタリシガ、今ハ天理教ナドニハ往々之ヲ用フ」

和枝夫人は、祖父が儀琴を訪ねた時のことについて、

「儀琴さんは目も耳もだめで、お話できなかったそうです。養子さんのご当主といろいろお話したようです」

と語っている。

琴主の明治九年の旅日記もみつかった。

「これを見ますと、琴主先生は全国へ行っていますね。薩摩、萩、三河、山城、大和、南部福島、武蔵の氷河神社。各地のお弟子さんたちの名前が書き連ねてあります」

和枝夫人は昭和五十四年まで小学校の教諭を務めた。五十四年に逝去した夫の恒雄も教諭であった。教壇を離れて、日がな一日神社での生活に立ちかえってから、長い間心の中に潜んでいた八雲琴への思いが高まってきた。

大本の初代田中緒琴が昭和三十六年三月、国の無形文化財に指定された時、琴主の霊に報告するため、関係者は青風神社に詣でた。

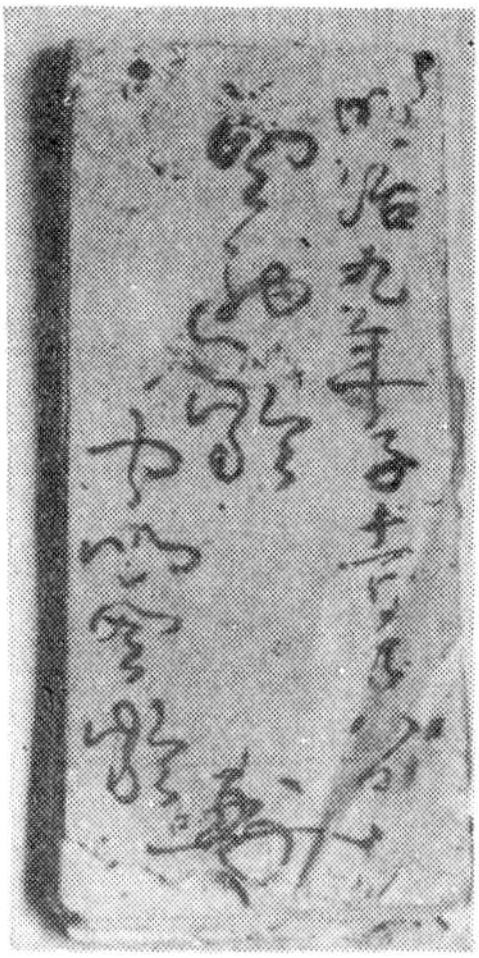
中山琴主の旅日記

響きわたる奥ゆかしい古琴の音は、約五十年前、幼児だった和枝夫人が胸をときめかしたのと同じ感動を蘇らせた。五十一年四月、名古屋から第七世宗家、一色玉琴が土居町文化財保護委員会の山上統一郎委員長の招きでお墓に詣で、琴の音を響かせたのも強い刺激となった。その頃から、和枝夫人は毎年四月三日に催される青風祭に大本の八雲琴奏者を新居浜から招き、演奏をお供えするようになった。青風祭とは琴主の御霊を祀るお祭りで、八雲神社が青風山山頂で開催しているものである。

山上委員長の呼びかけで五十一年三月、中山八雲琴主顕彰会が発足した。五十五年九月、中山琴主百年祭が八雲神社で盛大に行われた。大本から二代目田中緒琴が社中二十人を連れて参列し、荘重な音を響かせた。いつしか、和枝夫人は一色玉琴と、妹の幸琴に指導を仰いで、二絃を爪弾いていた。阿部フミ子も一緒に習い出した。

母、八重子が大本の宣伝使生源寺から手ほどきを受けたまま中断してから、五十年の歳月が流れていた。和枝夫人は、しみじみと語る。

「三歳の時から、なんとか弾きたいと思っていたことが実現できました。八雲琴で神さまにご奉仕する役目をもって生まれてきたのだろうか、琴主さんの御霊のお導きか、と思ったりします。八雲琴が神曲であることを思いますと、弾くことによって自分自身の心が治まり、正しくなり、澄み切ってまいるようです。八雲琴の美しさを最もよく表せるように、心の籠った弾き方、歌い方を心がけますと、形のある神殿ではなく、特定の神でもなく、自分の心の中にある宗教的なものの修行につながっていくようです。ですから、八雲琴は人にお聴かせするというよりは、自分を磨くための音楽でしょうか。そのような気持ちで、毎晩拝殿へ行って、一人で弾いております」

中山琴主百年祭

主婦を中心とした十人余りの社中の中に、小学校六年生の女児四人がいる。和枝夫人の目には、五十年前、青風山で琴を弾いてみたいと願った幼い自分のように思われてくる。

現在、中山琴主は町の児童の間でちょっとした人気を呼んでいる。土居町立北小学校の副読本の中に郷里の偉人の一人として登場しているからだ。琴主の一生と偉業を伝える絵入りの物語は、児童たちの手で紙芝居となった。

毎年春、「青風はん」でこの紙芝居が演じられる。青風山の急な斜面を児童たちが自作の紙芝居をかついで喜々として登る姿を眺めることが、和枝夫人にとって何よりも楽しみなことであった。

五、青風山

私は、和枝夫人に案内されて青風山を訪れた。晴れあがった空の下で、大きな山の中腹にこぶのようにつき出した小山が青風山であった。赤く枯れかかった数本の松が、目標である。神社のすぐ西側にお寺が見える。井源寺という琴主の檀那寺である。宗旨を真言宗と聞いて、奈良・飛鳥寺の住職で、国の無形文化財指定の八雲琴奏者、山本震琴師も真言宗であったことを思い出した。井源寺下から青風山へ向かう山際の小路は草に覆われ、和枝夫人は、一瞬通ることをためらった。この道は、琴主が造ったという。

道は既に草むす山野の姿に還ってしまってはいるが、晩年を庵で無為平穏に過ごすことを潔しとせず、道を築くことで自らの信仰の証とした琴主の気持ちに、私も求道者として憧れている。

さほど高くもない山の斜面を眺めると、群羊のようにもこもこと、山裾から山頂めがけて灌木が這い上がっている。これは茶畑かと思ったが、和枝夫人にミカン畑だと教えられた。青風山の麓にたどりつくと、登山道は胸をつくような急坂になる。年に一度、春の「青風はん」の時に通る道であるが、きれいに雑草が刈り取られていた。

青風山の頂上は、山の中腹にできた小さな台地という方が当たっている。ここに、中山八雲琴主の和魂碑《にぎみたまひ》が建っている。琴主の碑は、高さ二・五メートル、幅一メートルほどのものである。それは緑泥片岩で造られ、明治十七年八月の建立年月をようやく読みとることができた。

この碑に寄り添うように、児玉峰子の小さな碑が建つ。この地で琴主の養子となった加藤長次の長女、ハルヱの子供である。長次の孫にあたる。その横にある更に小さな碑には、「中山長次の先祖」と彫られてあった。

琴主の碑にもたれかかるように、人の背丈を優に越えている榊が、碑の表をなかば覆って生えている。その下に細長い石が立ち、何か文字が彫られている。「神ニ祈リテ枝ヲ挿シタル　大正十五年七月十五日　榊生アル霊木トナル　祈誓者加藤ウタ」と彫られている。

この榊は約六十年前、加藤ウタが挿《さ》した小枝が見事に生長したものだ。碑の前で八雲琴を聴いた時三歳だった和枝夫人も、今では五十余歳である。

琴主の弟子の名を刻んだ石造りの玉垣が、碑を囲んでいる。名古屋の一色輝琴の名が見える。その隣に「大平直、備中小田郡大井村東大戸」と刻まれた玉垣がある。

「祖父の日記に直《すぐ》とフリガナがされていました。琴名は直琴で、初代の田中緒琴先生に教えられた方です」

と、和枝夫人は説明する。
「この近くに、青風神社と大田神社がありますから……」
と和枝夫人に案内されて行くと、そこには石碑が三つ並んで建っていた。真ん中の石に出雲大社、向かって左隣の石に青風神社、右隣に大田神社と記されている。神社というから、てっきり拝殿の建物があると思っていたら、たかだか四十センチほどの丈の石が鎮座しているだけである。あらかじめ抱いていた私の想像は覆され、ぼんやりとその二つの石を眺めるばかりであった。

青風、大田両神社は、石の社であった。これは、琴主の心の中にある社を、石という造形に託して祀ったものである。私はふと、『八雲琴譜』の後書きにある青風大明神、大田大明神の空想に満ちた降臨の場面に思いを馳せた。もともと神々を祀る神殿、祭典は、畏《かしこ》み仕える人々の敬神の念を形に表したにすぎないということを改めて納得した。

碑と三つの社は、銀色の秋の日差しに輝く瀬戸内を越え、山頂から出雲を仰ぎ見るように建っている。琴主の心は、常に出雲に向けられていた。琴主は終焉を迎えるにあたって、一信仰者として出雲の地を選ぶか、一個人として土居を選ぶか、苦しんだにちがいない。家庭的に決して幸せとはいえなかった琴主であるが、出生の地は忘れ難かったのであろうか。

幼い頃眼病を患い、もの心がつくかつかぬうちに出奔するように故郷を出なければならなかった琴主にとって、ふるさとを最期の場、永遠の祈りと祀りの場に決めさせた思いとは何であったのだろうか。三つの石の社を奉祭した気持ちは、一音楽家の敬神の心境著しいとするだけの説明では納得できない。琴主は石の社の前で、何を畏み申すつもりであったのか。

すぐ隣の山裾の墓地に、琴主の墓がある。この墓を中心に、両親、長次、祖父といった一族の墓碑が並ぶ。

六、竜蛇社

琴主が出雲から勧請《かんじょう》した神を祀る社が、もう一つある。その社は竜蛇社《りゅうじゃしゃ》といった。社の呼称を聞いた時、天満の地に帰還した琴主の思いを推し量ることができるのは、この社であると思った。和枝夫人にとって竜蛇社が大きな意味を持つようになったのは、夫の恒雄が五十四年に逝去してからのことだった。夫の後を継いで神を奉祭するために、和枝夫人は神社に残されている資料に一通り目を通さねばならなかった。先祖が護り、祀り続けてきたすべてのものが一時に重くのしかかってきた。長男の純夫氏は宮司の跡を継いだものの、大学を出たばかりだ。心もとないと思うのは、やはり母親の目だからだろうか。

本殿の南隣に、小社が二つ並んで建立されている。その一つが竜蛇社と呼ばれていることを、その社の前に立ってみて初めて思い出した。竜蛇社についての資料は見当たらなかったが、その由来を知らないままでは済まされないので、社の扉を開けてみた。そこには、縦二十五センチ、横十センチほどの木札が祀られ、墨で次のように記されている。

龍蛇社

天王宮　天保七丙申年
伊予国宇摩郡天満村　牛頭天皇宮
　近藤出羽頭藤原益春
奉勧請出雲国大社
龍蛇社御社一宇成熟処瑞広前八月十有五日
大願主氏子天満村之産
当時京都ニ住幸有而奉納

琴主吏
岸野宗建豊秀

裏を返してみて、この社の由来を飲み込むことができた。そこには、次のように記されている。

天日隅宮上官佐草出雲宿禰美清敬書
斎龍蛇記御巻物添奉建立御社願主当村庄屋近藤九郎兵衛
天日隅宮律学長官元祖
中山前弾正八雲琴主穂積吉士朝臣長寿

さらにもう一枚、縦十五センチ、横二十センチほどの木札が対のように納められていた。

（札の表の記載文）
金星
巨門星

箕宿星
弓宿星
牛宿星
（札の裏の記載文）
天日隅宮律学長官
元祖中山弾正八雲琴主穂積朝臣吉士
永寿
亥年五月十五日
午ノ上刻誕生ス
吉士長寿事　岸野宗建毎歳此五星ヲ節分ノ夜ニ奉祭吏

一枚目の木札の表にある岸野宗建という名前の傍に、「琴主吏」と記されている。それは、琴主の新たな名乗りと、和枝夫人は見ている。裏に記載された文から、琴主は出雲大社でも最も格の高い上官《じょうがん》佐草《さくさ》美清《よしきよ》から篤い信任を得、信仰で深く結ばれていたことを窺うことができる。上官は国造を補佐する高級神職で、七戸あった。庄屋近藤九郎兵衛が社建立願主になっているところから、琴主個人の信仰の対象ではなく、村がこの社の祭神を祈念したことがわかる。

二枚目の札の表に記されている星は、中国の暦法により、方角を示す。恐らく、琴に関する星であろう。毎年節分の夜に、琴主はこの五星に何を祈ったのであろうか。

夫の恒雄が、特にこの社の説明をすることもなく、黙々と祀ってきた心が温かく伝わってくるようだ。その温かさは、琴主の心のぬくもりを伝えるものなのだ。末社十社のうちの一つにすぎなかったこの社が、琴主が天満の地に出雲の神々を勧請した意味合いを、一番鮮やかに物語ることになる。

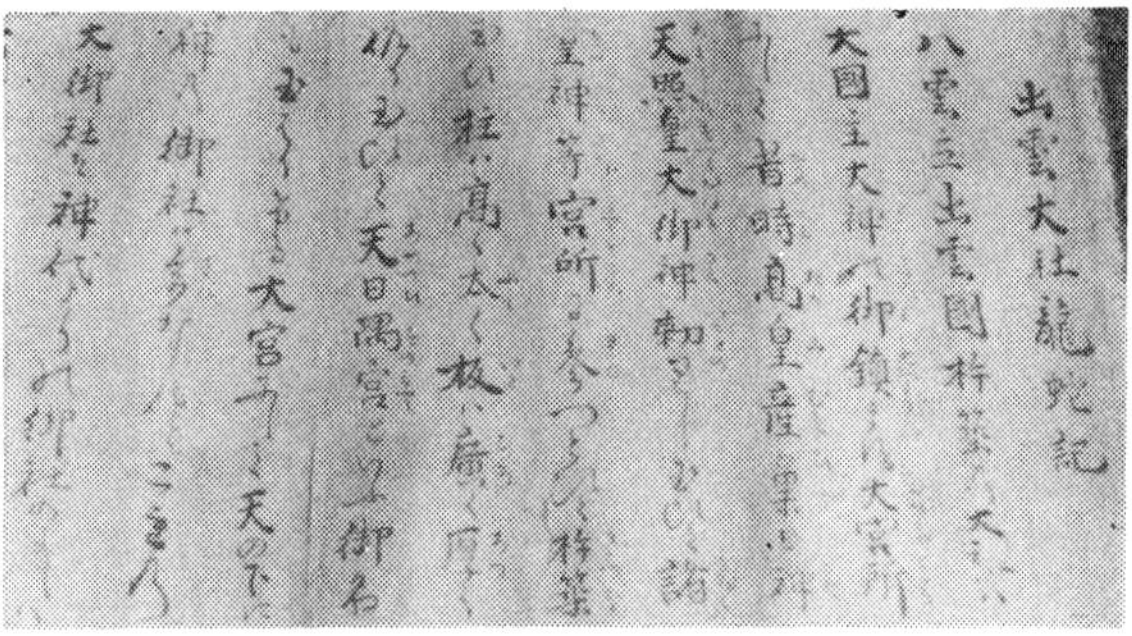
出雲大社龍蛇記

出雲の竜蛇神に関する一枚の書き付けが、多数の書類の中から見つかった（資料1）。その時、和枝夫人は訳がわからぬままに目を通すだけで終わったのだが、こうして竜蛇社の由来を知ると、その書き付けが意味深長に思われてくる。

拝殿で社名額を見た。横書きの「牛頭天王」は公卿の藤原忠香から、縦書きの「八雲神社」は有栖川宮熾仁《ありすがわのみやたるひと》親王から、それぞれ贈られたものである。山岡鉄舟の額もあり、琴主の豊富な人脈を窺わせた。

当時としてはハイカラな加藤ウタの洋装姿の写真が奉納されれ

ていた。若く美しい姿であった。おそらく、マレーシアでマッサージ業に従事していた頃撮ったものであろう。

明治期に近藤儀琴が発行し、当神社へ奉納した『新撰八雲琴譜』上下巻は、ここで見たものである。本の表紙裏には、次のように墨書されていた。

奉納　吟風社社《（ママ）》長　近藤儀兵衛　大正十二年十一月　中山八雲琴主門人　大阪近藤儀琴七十五歳

本の奥付を見ると、「明治二十八年三月五日発行　近藤儀兵衛　大阪市南区大宝寺町西ノ丁七番地」と記されてあった。

さらに、琴主が愛用していた八雲琴三面を見た。一面は竹琴、二面は木製の琴である。

七、琴主残影

明くる日、新居浜市に在住の中山勉宅を訪問した。土居町文化財保護委員会委員長で郷土史家でもある、山上統一郎さんの案内である。中山さんは、中山琴主の養子長次の次女ナツ子の長男で、岩崎姓であったが、中山家継承のため中山姓を名乗って一族のお墓を守っている。中山宅は、新居浜市の東端の山を切り開いた閑静な住宅街の一角にあった。

中山宅で最初に見たのは、巻き物になった家系図であった。それによると、通郷《みちさと》(琴主の別名)の父、岸大策正昌《きしだいさくまさあき》は加藤弥三左衛門喜秀《かとうやそざえもんよしひで》の娘八重と結婚し、加藤家の養子となっている。琴主については、「出雲大社二絃音律学先生と成る」とあり、「八雲琴主太夫藤原道郷朝臣」とされているところもある。実に多様な名前を使っている。

次に、「天日隅宮権禰宜中臣正蔭誌《あめのひすみのみやごんねぎなかとみのまさかげしるす》」として、国造尊孫宿禰《こくそうたかひこすくね》を先頭に二百六十四人の門人の名が連書されている。そして、最晩年の琴主の天満村での生活振りが、家系図の注釈のような形で記されていた。

出雲大社殿与利神号拝領依天皇宮改八雲神社トス。八雲神社之末社ト而当所於青風神社仕置建築ス。藤原通郷子孫祭之。八雲御度所余川ニ天然石橋掛土居道同掛于時明治十三年九月十八日没、七十八歳。

琴主が出雲大社より神号を授与されたことで、牛頭天皇(王)宮から八雲神社という社名に変わったことがわかる。御度(旅)所の余川に石橋をかけたり、道をつけたことをわざわざ記して、親族の手で中山琴主の事蹟の記録に努めている。

家系図を前に、夫人も加わって話が弾んだ。夫人は、

「琴主先生は青風神社の傍に、自分の御霊として太刀を埋められたそうです。その太刀を盗む

ことですよ」

と、盗んだ者のお腹が痛み出し、もとの場所に太刀を埋め戻すと、お腹の痛みが治まったという

と、語り、話に熱が入る。

御旅所の話となった。

「そこには昔、大松がありましたが、いまは碑になっています。秋の八雲神社のお祭りには、神輿がそこに来て、一休みをします」

と夫人は話す。私は、御旅所の余川に、石橋があるか聞いてみた。

「あの川が余川というのでしょうか。御旅所のわきに幅二メートルほどの石橋がありましたが、今はセメントの橋になっています」

という返事である。

中山宅には、琴主の旅笠が木箱に入れられて保存されていた。木箱の裏には黒々と「昭和七年、生源寺勇琴これを保存する」と書かれてあった。和枝夫人が話した大本の宣伝使の生源寺が、加藤ウタ宅に泊まった時、ウタに旅笠の保存を勧めたものらしい。

土居町からは、一絃琴の中興の祖といわれる真鍋豊平《まなべとよひら》が輩出していた。ほぼ同じ時代に、いずれも神曲といわれる一絃琴、二絃琴にその一生を捧げたこの二人の音楽家に、私は得もいわれぬ神聖なものを感じるとともに、二人の偉人を輩出した土居というこの土地が、神秘な光芒に包ま

れているように思われてならなかった。

琴主が幼少の頃、最初に三味線の手ほどきをうけに通ったという関の峠が、土居町から新居浜へ向かう途中にある。そこには、何代にもわたって庄屋を務めてきた、河端家という旧家がある。琴主と親交があって、手紙類や歌などが今も残されているという。

折角ここまで来たのだから、琴主のゆかりの品々に少しでも触れてみたいと思い、山上さんの案内で河端家に出向くことにした。

八、河端家と琴主

現在、河端家のあるあたりの地名は、土居町大字上野字関之原という。昔は上野村といった。旧宇摩郡の人は宇摩の関、新居郡の人は新居の関とも呼んだらしい。国道十一号線に並行するように、小道が一本延びている。これが、かつて伊予と讃岐の金毘羅さんを結ぶ金毘羅街道であった。宿場になっていて、松山と琴平の間で一番賑やかだったといわれていた。

河端家は享保十七年(一七三二)に庄屋となり、明治維新を迎えるまで務めた。当主康三さんは七代目である。当家の南の方角にある上野山を管理した。この山から伐採した木で、別子銅山の銅を精錬する炭を焼いたというから、大変な重責である。

河端家は、康三さんの曽祖父大八郎（明治四年逝去）と祖父又助（大正二年逝去）の二代に渡って、琴主と親しかった。

私は出雲取材の際、琴主の八雲琴は御師とともに広がり、琴主も御師の布教ルートを辿ったのではないかと考えた。

河端家の先祖は、出雲大社の祈禱を受けたというが、出雲の布教を全国的に行った御師と、琴主の関係がどうであったかはわからない。

琴主は、河端家でも歌を記した短冊を残している。出雲の平岡雅足家で神官らと集ったように、当家でも八雲琴と歌の会をしばしば催したことであろう。その資料の中に河端家へ宛てた琴主の手紙が残されているが、その文面には親交の深さが表れている。

琴主より河端家宛の手紙

先日御宅お窺いの節は、御馳走になりましてありがとうございました。参上してお礼申すところでございますが、種々の用事のためお訪ねすることができずにいました。急に、雲附より来てほしいといってまいりましたので、明日天満浜より尾道へ舟路をとることにしました。八月には帰りましてお訪ね致します。御礼かたがた、慎んで御挨拶を申し上げました。

五月三日　中山弾正大夫

八雲琴主拝

河端尊兄様

過日はいろいろと御懇情賜りましてありがとうございました。粗菓をお送りしましたので、御子様方でお召し上がり下さい。下芝山の西原様宅へお泊めいただいていますが、毎晩うなぎを食べさせて下さり、昼は鯉の作りと吸い物を振るまって下さり、まことにありがたいことでございます。

先日、東（地名）に二十銭送ってやりました。うなぎは私の眼病に効きますので、その地のうなぎを買い求めたく、お預けしてある八十九銭を私の使いの者にお渡し下さってうなぎを買わせていただきますようお願い申し上げます。この間、東で百目が六銭でしたので、二三百目買ってもらいました。その後も天満のあちこちからうなぎをもらいました。どうぞ、皆様へよろしくお伝え下さい。

中山雲齢寿永拝

河端又助様

旅中の琴主より河端家宛の手紙

　酷暑の候にございます。皆様お揃いで益々御安康でお喜び申し上げます。在国中の節はなにかと御懇情下さりましてかたじけなく、感謝致しております。二月廿日松に到着、廿五日同所出帆し、廿六日風早鹿嶋社に奉納、廿七日大三嶋御広前奉納、廿八日尾道着。廿九日亀座（人名、筆者注）が直に大社へ出立しました。門人たちが私を待っているので、日々稽古をつけてやりながらの旅です。また、三原松永福山備中辺りよりも、門人たちが迎えに参りましたけれども、京へ帰るのを急ぎますので、所々十、十八日程ずつ参上しました。五月初旬出帆する予定で、尾道まで三日に帰りましたところ、松山の亀座が五月四日大社より帰ってきたというので、近辺の門人が残らずやってきて、五月十五日に鞆津祇園社に奉納にお参りしました。また、二十五日門人たちが私を送別するついでに、尾道の太山寺において八雲琴十面余も飾り付け奉納致しました。まことに華々しくご奉納しましたので、両所とも幕府の奉行を始め諸役人が残らず出席し、数千人の人が感心を致しました。人々からお聞きしたところでは、八雲琴は備前播磨三備勢州辺り一円に流行して、私はどこへ参りましても天下に一人の大先生と仰がれ、神さまのおかげで天の下に名を残すことができました。天下一人と今日呼ばれますこと、冥加至極のことにございます。数多くの力量ある方々のうちでも、諸人から元祖と呼ばれる人はめったにいないものです。長年にわたって皆様にお気遣いいただいたおかげで、ただ今は天の下いづこの国へ参りましても、不自由するということはありません。このこと、ご安慮下さいませ。皆様によろしくお伝え下さい。

八雲琴舎

六月七日　大阪

川口舟中思　琴主

河端兵三右ヱ門様

河端　孫兵衛様

河端　尊　兄　様

琴主は、天満村の牛頭天王宮《ごずてんのうぐう》を中心に近隣の支援者の家へ出向いて、家相について意見を述べた手紙も残している。恐らくは身の上相談に応じたり、医術を施したりもしたであろう。単なる八雲琴奏者に止まらず、民衆の生活に溶け込んで幅広い宗教活動をしたことが窺われる。

また、琴主は八雲琴を抱えて、よく旅をした。各地の神社に八雲琴の演奏を奉納し、その土地の弟子たちに八雲琴を教えながら神の加護を説いた。社の中で祈る神官ではなく、八雲琴を掻き鳴らしながら流浪するはだしの〝神官〟であった。琴主にとって、八雲琴こそが天地のすべてを調う、神の意志を音で伝える社であったのかもしれない。眼病に効くといわれるウナギを買い求める手紙に、琴主の肉体上の苦痛の跡がにじんでいる。

九、神曲の夢㈠　吉備楽

私は旅館に戻ると、この土地から輩出したもう一人の宗教音楽家、真鍋豊平《まなべとよひら》について、手もとの『土居町史』で調べてみた。

真鍋豊平は文化六年（一八〇九）、伊予国上野村（現在の土居町上野）、千足《ちたる》神社の社家真鍋家賢《いえかた》の長男として生まれた。豊平が少年の頃、常陸《ひたち》の藩士、杉隈南《すぎわいなん》が同神社に逗留した。隈南は絵を描き、一絃琴を爪弾いては心を慰めていた。豊平は、国学、歌を学んでいたが、この漂泊の士の琴の音に心を魅かれて、隈南に教えてもらった。豊平は千足神社の分家となり、近くの天満神社、牛頭天王宮の祠官を務めている。千足神社には、豊平と琴主の親交を示す手紙類が残されている。

豊平は弘化三年（一八四六）三十七歳の時、九州、中国、京都、伊勢に遊び、名曲「伊勢の海」を作曲した。四十歳の頃、出雲へ旅立っている。天日隅宮の参拝と国学の研究のためであった、と千足神社の真鍋惺士郎《まなべせいしろう》宮司は豊平の日記から説明している。当時の出雲は国学が盛んであったらしい。豊平は一度帰郷したが、家督を弟に譲って京へ出る。嘉永六年（一八四八）、一絃琴譜『須磨の枝折』を出版した。

一絃琴は一般に須磨琴として知られており、その寂びた音色は在原行平が須磨に流された折、つれづれを慰めるため、海辺の板を拾って作ったという。私は、同じ神官の出身である吉備楽《きびがく》の創始者、備前の岸本芳秀《きしもとよしひで》を再び思い出していた。岸本は文政四年（一八二一）、中山琴主は享和三年（一八〇三）の生まれである。

中山琴主と岸本芳秀を比較すると、幕末から明治にかけて神曲を創案、円熟させていった行動の軌跡は、曲の内容にこそ違いがあれ、全く同じといえよう。最後の封建支配体制であった徳川幕府の崩壊の土壌から芽を吹き、明治維新の波に乗って新しい音楽の分野、それも神道の宗教音楽を花開かせたのである。私は、昭和五十八年から五十九年にかけて、岸本芳秀の神曲吉備楽について調査したことを思い返していた。

芳秀の家は、代々備前国の伊福八幡宮の社家をしながら、岡山藩の雅楽の楽人を務めた。専門楽器は篳篥《ひちりき》で、十四歳の時を初回に数回上京して、大内楽所《おおうちがくそ》の雅楽助《うたのすけ》安倍季良《あべすえはる》につき、篳篥を習うほか、箏《そう》、笙《しょう》、笛、常磐津などの俗曲まで幅広く修めたようだ。

明治三年、維新政府が藩政改革を進めるさ中、藩命で大和の春日神社に倭舞《やまとまい》を習いに出かけている。この頃には、かなりはっきりした吉備楽の草案ができあがりつつあったと思われる。吉備楽がその姿を現すのは、明治七年九月、岡山の安仁《あに》神社で神事に用いられてからのことだ。曲の風情、振り付けの優美さは既成の日舞に見られない新鮮なもので、備前の諸社に相次いで採用され、当時の県知事高崎五六《たかさきごろく》も熱心なファンになった。高崎知事の推薦で、明治十一年九月、青山の皇太后御所で皇后、皇太后に演奏奉ってから、日本の新しい音楽としての評価が確立した。

どんな日常生活や人となりの中から、あのような調べが醸成していったのだろうか。そのことを知ることによって、敬虔な生活の過ごし方を幾分なりとも感得して、祈りとしたかったのである。

私は春日大社にあらかじめ手紙で調査の趣旨を伝えて五十八年九月二十四日、訪ねた。春日大社の社務所では、宝物殿学芸員の小坂武義氏が古い和綴じの書類を幾冊も調べて待ってくれていた。

「岡山藩から岸本芳秀ほか三人がこちらで倭舞を習ったという資料は見当たりません。ただそのようなことがあったとする背景を考えるうえで、明治四年の社務日記に春日祭の倭舞は社家富田家一子相伝の家伝とありましたが、神社は国家の宗旨とする明治維新政府の原則から、家伝を廃止したことが明記されております。したがって、倭舞の伝授も、明治三年以降は富田家からではなく、春日神社から伝授を受けるという形に改まり、明治二十九年の社務日記によりますと、倭舞や神楽の相伝者には証書を授与し、神饌料金五拾銭を納めるよう規定してありますね」

この時期の春日大社は、明治三年社寺領の上知、四年官幣大社列格、五年には神官神職の制度が改まって、古い社家制度が廃止されるという神祇制度の大変動期であった。岸本ら岡山藩の一行に教えたのは、おそらく富田《とみた》光美《みつよし》で、彼はその後、一時大蔵省書記官に就いた後、明治六年相模国宮山村の寒川《さむかわ》神社、明治二十年天理の石上《いそのかみ》神宮、二十三年奈良の竜田《たつた》神社の禰宜と、各地を転勤しながら、春日の神楽を神奈川の大山の阿夫利《あふり》神社、群馬の貫前《ぬきさき》神社、山形の出羽三山《でわさんざん》神社などに伝授している。勤めの傍ら、富田単独か、あるいは禰宜衆数人と行動している。

調べていくうちに、富田は一時春日大社の社家を解かれ、その後、再就職していることがわかった。だが、他の社家と同格のものではなく、大事な会議に出席が禁じられるなど、その解任劇はかなり重大な理由によるものであったことをうかがわせる。

岸本芳秀の事蹟にも、首をかしげたくなるような、似た出来事がある。明治二年八月、藩は芳秀に「その方心得、去春申し聞け置いたところ、それ以来つつしみよろしい様子仲間よりも申し出たについては、音楽稽古、吹きあわせをいよいよ厳重にし、不法がましいことのないように」(『備陽国記録』)と叱っている。佐藤範雄編『吉備楽の光栄及び資料』によると開知新聞が評価の高まった吉備楽を紹介する記事の中でこの個所に触れて、

「岸本氏が慨然として正音雅調にして時情を感ぜしむるに足るの新曲を製するの志を起せしに、旧藩の有司これを許さず、圧抑に遭へりし」

と記す。しかし、はっきりとした事情を伝える文書は残されていない。

当時は、春日大社の境内に興福寺、春日神社、春日若宮の社家、禰宜方の詰め所があちこちにあった。おそらく、岸本は春日神社の詰め所の一つを宿舎としていたのだろう。岸本らのほかにも、全国から倭舞を習いにきている者が多かったにちがいない。富田はまた、奈良の南都楽所《なんとがくそ》の楽人《がくじん》でもある。春日大社の恒例祭などのほか、興福寺、東大寺、法隆寺などの供養にも演奏した。寺侍の中にも楽人がいたほど、奈良の寺社では雅楽がさかんであった。小坂氏は、春日の神楽舞の振り付けを記した本を見せてくれた。素人眼にも、吉備舞の振りと酷似していることが見てとれた。私はふと、京へ遊学した岸本が京舞の井上八千代に習っていることに思いを馳せた。吉備舞の振り付けは、倭舞、神楽、京舞の長所を集めて磨き上げたものかもしれない。

では、曲はどうか。岡山県金光町在住の吉備楽研究家、山縣二雄《やまがたつぎお》氏は論稿の中で、

「雅楽、東遊びより調を取捨して吉備曲十二曲をつくった。明治五年のことといわれている」

と記す。

京での岸本の足取りを辿ることは、資料が皆無でできなかった。秋風が吹きはじめる頃、私は知人の紹介で四天王寺の雅亮会楽頭《がりようかいがくとう》、小野摂龍《おのせつりゆう》師（大阪市・願泉寺《がんせんじ》住職）に会うことができた。大内楽所は、天王寺楽所から多くの楽人を召している。当時の天王寺の楽人の生活ぶりから、岸本の生きた雅楽界を想像してみたかった。

「維新政府の方針で、天王寺楽所も大内、南都楽所と一緒に廃止になり、楽人たちは失業しました。お寺そのものが排仏毀釈の運動の中でどうなるかわからない状態で、西本願寺の明如《みょうにょ》は朝廷に浄財を献じて本願寺の安泰を願い、明治十二年四月に四天王寺で仏教関係者すべてが参集して大聖霊会を行って、政治的に存続を働きかけています。

楽人たちは生活に困って雅楽の装束、楽器の売り食いをしましたが、大阪の難波、島の内界隈の金持ちの檀家がそれらを買い取り、明治十七年、私の父、小野樟蔭《おのしょういん》が天王寺楽所を引き継ぐかたちで雅亮会を設立した際に役立てました。

応仁の乱で京の楽人が全滅に近い状態となりましたが、維新はそれに次ぐ雅楽界の危機でしたね。それがまた、それまで伝習が許されなかった町の有志に雅楽を保存させることにもなりました」

小野氏は、このように語った。

大内楽所の混乱も同様であったろう。政府は明治三年十一月に太政官の中に雅楽局を設け、雅楽の保存にあたらせた。

「天王寺楽所の楽人の林家は、安芸の宮島宮に抜頭《ばとう》の舞を教えてきました。宮島では抜頭が神事舞となっています。一時、林家の楽人が死亡して抜頭を舞う者が天王寺楽所にいなくなり、宮島へ習いに行く騒ぎもありました」

吉備楽が金光、黒住教の神事に採用されたことは、命脈を保つうえで幸運であった。両教の立教が吉備楽の誕生とほぼ同時代の幕末から明治にかけてであること、黒住教の小野元範《おのもとのり》が岸本芳秀に、金光教の尾原音人《おばらおとんど》が芳秀の子息の芳武《よしたけ》に師事したことが神縁となった。後に、二人は両教の祭典楽の指導者となる。また、吉備楽と両教のいずれも岡山で生まれたという地理的な条件も無視できない。春日大社に近い奈良県下の金光教教会では、大正まで春日の倭舞が祭典で演じられた。

国神社の隣に、岸本芳秀の生家が残っている。芳武の長男、芳秀氏（祖父名を襲名）は眼科医となったため、芸ごとも社家も十一代の芳武で終わった。医者の芳秀氏の夫人の益美《ますみ》さん（満八十六歳）が存命で、訪ねてみた。家は初代芳秀の時代のままで、十畳間ほどの座敷に天皇陛下のご前で演奏した際に使われた箏、鼓類が飾られていた。芳秀の家庭について尋ねてみた。

「芳武に姉が一人、妹が一人いまして、妹は琴という名前でしたが、姉の方は忘れました。姉は岡家へ、妹は久山家へ嫁ぎました。芳秀先生は、とてもお声のよく通るお方で、練習をなさっていると国神社でうぐいすが鳴いていると、近所の方々がおっしゃられたそうです。息子の芳武は厳しい人で、家族やお弟子さんに畳のへりを踏むな、畳の目に沿って歩けと、座敷を歩くのにも目を光らせていました」

芳武の潔癖で気性の激しいところは、親譲りのものであったか。芳秀は遊びごとはやらず、無

駄口の少ない端正な生活を好んだ。音楽以外の話になると、

「私は楽人ですので、音楽以外のことはわかりません」

と、席をはずしたそうだ。写真や肖像画のような姿が残るものも嫌った。

「芳武の子供は三男四女ございましたが、いずれも吉備楽の師匠を継ぎませんでした。ただ、芳武の長女の芳野《よしの》が芳武の妹の琴さんのところへ養女に入りまして、吉備楽を伝えましたが、それも途切れてしまったようです」

芳武は裏千家の茶人でもあり、月の五、十五、二十五日に茶会を催した。

岡山地方が明治以来の大雪に見舞われた五十九年二月の初め、金光町の尾原博《おばらひろ》宅を訪問した。博さんは金光教の初代楽長、尾原音人の長女である。近くに住む山縣氏もひょっこり顔を出した。満八十五歳になる博さんは、記憶をまさぐりながら語ってくれた。

「幼い頃、父に連れられて岸本家にしばしばうかがいました。十二、三歳の頃、岡山で陸軍の大演習がございまして、その時、天皇陛下のご前で演奏させていただいたことをよく覚えております。日頃の練習では琴が主で、芳秀先生の大勢のお弟子さんも芳武先生の時代には随分少なくなり、晩年はお寂しかったのではないでしょうか」

芳秀は明治十八年、岡山市上中野に宗忠《むねただ》神社が建立された折、意識して宗教音楽を作曲している。山縣氏は芳秀の魂に潜む神観について、感想を述べた。

「芳秀の父の芳景《よしかげ》は、備前国児島郡宮ノ浦(現在の岡山市宮浦)の名越《なごし》家から岸本家へ養子に入りました。農業を営んでいるご子孫の名越家を訪れたことがあります。現在も神社神道で、約二百年前、寛政頃からの歴代の御霊代《みたましろ》が神棚にずらりと幾十も祀られ、岸本糺《ただす》(芳景の幼名)の御霊代もありました。父方の実家が先祖から非常に信心深いことを物語っています。

芳景は養子になって、岸本家の未亡人静《しず》を妻にするのですが、前夫との子、益太郎《ますたろう》が三歳で死亡、芳景との間にできた長男も益太郎の名をもらって育てますが、これも四歳で病死します。次男として生まれたのが芳秀で、岸本家ではなんとか無事に育ってくれることを念じ、一時期、実家の名越家で養育してもらっています。芳秀は幼少の体験と両家の信仰心の篤さから、いやがうえにも神をおそれ敬う心が育まれたと思います」

吉備楽はいま、国神社でほとんど奉納されることはないが、日蓮宗日応寺《にちおうじ》(岡山市)の楽人へ伝わり、彼らが、岡山神社、護国神社などで演奏している。尾原家を辞して外へ出ると、残雪が夕方の弱い日差しの下でまぶしく照り映えていた。

十、神曲の夢(二)　黒住教

昭和五十九年六月二十五日、私は黒住教奏楽寮楽長の小野盛孝《おのもりたか》氏を岡山市大元一丁目の宗忠神社、奏楽寮道場に訪ねた。黒住教本部教庁と大教殿は同神社周辺の市街化が著しいため、昭和四十九年十月、岡山市尾上、神道山に移り、旧教庁施設を道場にしていた。盛孝氏は二代目の父盛次氏が昭和五十四年五月七日に逝去してから、奏楽寮楽長、吉備楽十六日会会長を兼務している。

「岸本芳秀先生は家庭で楽しむのを目的とした家庭楽から吉備楽をおつくりになられ、その第一作は『四季の気色』（春夏秋冬の四曲）の春ということです。この作品は、雅楽の越天楽をアレンジしたもので、雅楽は四拍子ですが、吉備楽は八拍子となっています」

盛孝氏は、横笛でその違いを吹いてくれた。私の耳には、旋律はほとんど同じように聞こえたが、吉備楽の方が音に変化があるように感じられた。

「越天楽と旋律はよく似ていますが、琴が笙、篳篥《ひちりき》、横笛など、他の楽器をリードして、コンサートマスターのような位置にあります。また、吉備楽は速さを楽譜に指示していません。作品

『春』は明治五年のお作といわれ、吉備楽が春に始まり、春に終わるという芳秀先生の心境が託されているようで、感慨深い曲です。吉備楽は大別して宗教楽、家庭楽、余興楽がありますが、宗教楽は黒住教教楽だけです」

黒住教では、小野元範《おのもとのり》の尽力で吉備楽が同教団の祭典楽として採用された。

小野元範は、上中野村（現在の岡山市大元一丁目）の元大庄屋の家に長男として生まれた。小野が弟子入りした当初、芳秀は匙を投げた。音程が定まらない、備前地方の方言で「もげる」といわれるひどい音痴であった。芳秀は小野の将来を考えて「あきらめたらどうか」と申し渡した。小野はいっこうに苦にする様子もなく、毎日熱心に他人の稽古ぶりを見ては、一人で「もげぶし」を歌っている。芳秀は彼の熱心さに負けて、稽古をつけてみることにした。小野の努力で少しずつ節が定まってくると、かえってもげかかったような節まわしが、独特の味わいとなった。

小野元範の先祖、小野栄三郎は上中野村の名主で、黒住教教祖、黒住宗忠《くろずみむねただ》とは幼なじみであった。黒住宗忠が文化十一年（一八一四）十一月十一日の日の出を礼拝して天命直授《てんめいじきじゅ》されると、小野栄三郎は文化十二年正月、黒住教の最初の門人になっている。小野家は代々同教の信者となり、元範も熱烈な信者であった。

「祖父、小野元範は芳秀先生に宗教音楽としての吉備楽の作曲を熱心にお勧めしました。明治九年頃から、芳秀先生は小野家にしばしば泊まり込むほど、傾注して作曲にとりかかられ、明治

十六年宗忠神社の上棟式の際、吉備楽を演奏したことから、黒住教の教楽になりました」（明治十八年四月、宗忠神社建立）

黒住教の祭典の着座、捲簾《けんれん》、玉串奉奠《たまぐしほうてん》、神誡奉読《しんかいほうどく》、昇壇《しょうだん》、同降壇《こうだん》、撤饌《てっせん》、垂簾《すいれん》等の際に演奏される音楽がそれである。中でも、捲簾は吉備楽の最高傑作と、音楽学の権威、田辺尚雄氏が称賛した。また、舞を伴う式楽六曲があるが、奏楽寮楽長が舞う祭主舞は、最も雅楽に近い吉備楽といわれている。吉備楽が、雅楽の調べを簡素化することから生まれたことを一番端的に表す曲といえよう。もっとも、「四季の気色」の「春」は家庭楽だが、着席、退下に演奏されている。

「吉備楽が一番盛んだった頃は、約四百曲あったといわれます。宗教楽は約三十曲ありました。現在演奏していますのは、宗教楽二十曲、家庭楽二十四曲ほどで、曲目が少なくなっていることは残念です。明治時代までは、一般家庭の子女が琴を習うように吉備楽をたしなみましたが、現在では、ほとんどが黒住、金光両教団の関係者といってよい状態と思います」

小野盛次氏は、一般に吉備楽を普及させるために、昭和二十八年に「吉備楽十六日会」を結成した。同会の「十六日会」とは、小野元範の命日、大正十五年一月十六日にちなんでつけられた。

「昭和四十八年二月に田辺尚雄先生の紹介で、アメリカの音楽学者、ラーリ・シャムエイさんが吉備楽研究のために吉備楽十六日会を訪ねて下さいました。シャムエイさんは、ワシントン州立大学の先生で、私の自宅等で約九ヵ月間滞在されて、琴もお弾きになられるようになりました。シャムエイさんは、吉備楽の楽譜が西洋音楽に比べて、不親切だといわれました。速さの指示がないことや、琴の絃にそって歌わずに、楽譜に記されていない、少しずらすような歌い方をする点を指摘されたのでしょう。そこは、日本と西洋音楽の違いで、認識を新たにしていただきました。シャムエイさんは帰国されてから『Kibigaku : An Analysis of a Modern Ritual Music』という論文をものされ、博士号を取得されました。外国の研究者が、少数ではありますが、吉備楽をすぐれた日本音楽と注目しています」

弟子たちの琴の音が、静まりかえった境内に流れる雅やかな風情を破って、宗忠神社拝殿から太鼓の音が数回、腹の底にずしりと響くように打ち鳴らされた。

十一、神曲の夢㈢　八雲琴

王政復古とともに、神道は息を吹き返したように盛んになり、八雲琴も吉備楽も新時代の波に乗って一般に普及する。ここで、琴主にとってというよりは、琴主を育て、八雲琴を強力に支援した出雲の神官たちにとって、大きな転換期を迎えることになる。

出雲の国造は既に七十八代千家《せんげ》尊孫《たかひこ》から七十九代尊澄《たかすみ》を経て、第八十代の尊福《たかとみ》に代わった。尊福が出雲信仰の布教を強化するため、「出雲大社敬神講」を結成したことは前述のとおりである（出雲の神々と琴の音の章参照）。

この頃、琴主も全国の出雲布教ルートを拠点として、八雲琴の演奏旅行を行った。だが、ここに出雲の布教活動にとって、必ずしも利点とならない状況が生じた。

第一点は、出雲の取材で触れた、千家尊福と神道事務局との間に生じた祭神論である。尊福は国造を弟の尊紀《たかのり》に譲って、神道事務局から独立して、敬神講を神道大社派に発展させ、大社派の管長に就いた。この間、千家尊福と神道事務局の紛争は熾烈を極め、明治十四年勅命が下って収まったほどであった。

この大混乱で、中山忠能《ただよし》らエリート公卿の知遇を得て、宮廷勢力の中枢へ伸びつつあった琴主の八雲琴は、政争に巻き込まれることを恐れられ、敬遠されることになったであろう。王政復古の精神は、本質的に復古神道につながる一面があり、事実、神道の興隆を促したわけである。しかし、明治維新の政治権力は薩長閥といわれる新興勢力が幕府の時代のしがらみを打ち破って登場したに過ぎず、絶対主義的天皇制イデオロギーは近代資本主義の必然性と相まって、悠長な神祇政治の幻想を吹き飛ばしてしまっていた。結局は神祇省も神々の祭祀を司るというよりは、次第に宗教統治の性格を強め、ついには国家神道という官製宗教に神道をからめとっていくことになる。

このような過程への反抗が、実は千家尊福が神道事務局に噛みついた祭神論争の底流にあったのである。

第二点は、明治の政財界にのしていく薩長閥を先頭とする新興勢力に、琴主が後援者を見い出すことができなかったことである。琴主はそのことを悟ってか、上流階級への浸透は一部にとどめ、もっぱら出雲ルートを伝うように市井へ八雲琴を広めていった。そのことは、旅日記の弟子たちの名前にも表れている。

ほとんど同じ時代に、もう一つの神曲を創案した吉備楽の岸本芳秀が、数回の天覧を賜り、貴族に愛重され、華やかな演奏記録を残しているのに対し、琴主の八雲琴は明治以降、貴賓に供する演奏活動は皆無といってよい。

次に岸本芳秀の演奏活動を見てみよう。

岡山県令として赴任してきた元鹿児島藩士、高崎五六は吉備楽の愛好者となり、兄の宮内省文学御掛、高崎正風《たかさきせいふう》に芳秀を紹介している。高崎正風の推挙で、芳秀は明治十一年九月十六日、同十三年四月二十七日、青山御所で皇后、皇太后両陛下に奏し奉る。吉備楽は、見事に時流に乗りおおせた。その後の芳秀の主な演奏活動を拾ってみよう。

明治二十三年四月二十一日、葉山御用邸。皇太子殿下。

同三十四年四月二十、二十一日、葉山御用邸。皇太子殿下、有栖川宮、同妃殿下。
同年六月十二日、青山御所。皇太子妃殿下。
同月二十五日、上野美術館。皇太后陛下、皇太子殿下。
同三十六年七月十二日、芝離宮御浜御殿。皇后陛下。
同四十三年七月二十九日、岡山後楽園。朝鮮皇太子殿下。
大正四年九月八日、朝鮮京城徳寿宮。李王殿下、同妃殿下。
同年十月八日、京城秘苑堂。閑院宮殿下、同妃殿下。李王殿下、同妃殿下。

この事蹟を顧みると、奈良、平安時代に大嘗会《だいじょうえ》や節会《せちえ》で笛を吹き、口鼓を打って風俗歌を奏したという国栖《くず》を思い出す。吉備楽に観念をにじませてみるより、祭政一致の熱風で生じたほんのひとときの国栖奏《くずのそう》の影のような存在と考えた方が、美しいのかもしれない。

さらに第三点は、琴主の肉体的衰えである。維新という可能性を秘めた軟らかな土壌に種を播くべき時に、既にどうにもならない状態になっていたことだ。

第四点は、吉備楽は日本音楽の本流である雅楽から派生したことである。西洋音楽の流入によって、日本古来の音楽が消し去られそうになっている最中の明治十三年十月、宮内省雅楽課の楽人長、林広守によって国歌「君が代」が雅楽風に作曲されたことからも、維新の嵐に抗して雅楽が祭典楽として不動の地位にあったことが窺える。

「君が代」は海軍軍楽長中村祐庸が、伝統音楽の雅楽の旋律を取り入れた国歌にすることを強く主張したことがきっかけで、作曲されたといわれる。

これに対して、八雲琴はジャンルとしては箏曲の一楽器にしかすぎず、雅楽が中国、朝鮮を経て伝承され、祭典、宮廷音楽としての歴史と権威があることを思うと、比ぶべくもない。吉備楽が雅楽から派生したとはいえ、雅楽から旋律をとっていることを思えば、一般に対して雅楽と同体ともいえる強みがあった。

十二、創案への旅立ち

私は最後に、土居町在住の郷土史家三木筆太郎さんを訪ねた。氏は、愛媛地方史研究会会員で、小・中学校教諭を経た後、土居町文化財保護委員会長、土居町文化協会長を歴任。著書に『今城宇兵衛と豊田』『渋柿城物語』等がある。

三木氏は、長年の研究の成果として琴主の家系図を作成した。それによると、次のようになっている。

三木氏の説明によると、岸大策正昌は加藤家に養子入りをしたが、姓は岸を名乗っている。

中山八雲琴主の家系

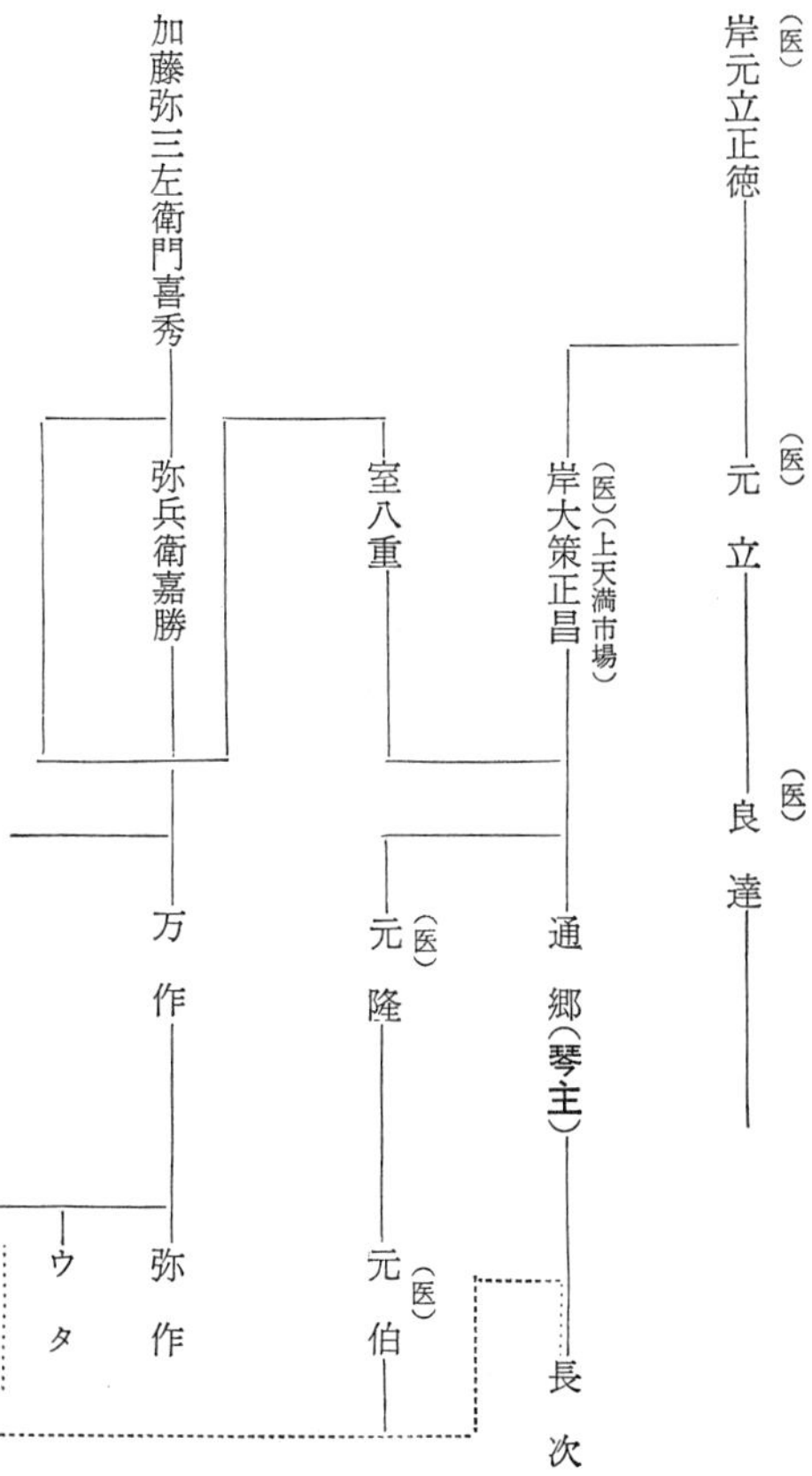
(医)
岸元立正徳
(医)
元立
(医)
良達
(医)(上天満市場)
岸大策正昌
通郷(琴主)
長次
室八重
(医)
元隆
(医)
元伯
加藤弥三左衛門喜秀
弥兵衛嘉勝
万作
弥作
ウタ
長次

琴主には、元隆という弟がいた。岸家の医業を継いだが、安政二年(一八五五)五月、四十三歳で没している。では、実弟といわれている大岸元琴はどこへいったのか。

大岸元琴の名前は、天満では全く出てこないと、三木氏は語る。元琴は尾道を舞台にし、天満にはいなかった。葛原勾当は広島を中心にしたのに対して、中山琴主は、出雲、京都を中心に全国に足を延ばしている。琴主は、音楽家である以上に宗教家であった。非常に篤い敬神の念から、神に供える八雲琴を創案した、と三木氏はいう。

琴主は、音楽家というより、宗教家が信心を深める道具として音楽をたしなんだといった方がよい。琴主によって、八雲琴は非常に宗教色の濃い特殊な楽器になっていった。

琴主の人間形成のうえで、目が悪かったことが大きな影響を与えた、と三木氏は見ている。琴主は、目を治すことを祈念して、牛頭天王宮《ごずてんのうぐう》や天日隅宮《あめのひすみのみや》に参籠している。生涯、目をいたわる生活で、独身であった。

琴主は、菊岡一門のもとで箏曲、三絃をみっちり修業することになるが、再び眼病が悪化した。たまたま、但馬国養父郡八鹿村(現在の兵庫県八鹿町)から菊岡検校のところに、弟子を派遣してほしいとの申し入れがあり、菊岡検校は、琴主を眼病の保養がてらに出向かせた。八鹿村の娘たちに箏曲を教えるうちに、琴主の目は次第に見えるようになった。琴主はこれを非常に喜んで、出雲の天日隅宮に参籠し、神に感謝の祈念をしている。琴主二十歳の頃である。

「出雲で国造を始め、神官らと親しく交わっていますね。いかに天分豊かな音楽家といっても、国造の信任を得るということは容易なことではありません。神を敬う清廉な人格が、出雲の神官たちに認められたのでしょう。神意を得て創案したという八雲琴も、共感を呼んだことと思います。琴主は、ようやく四十歳の頃、三味線の印可を受けていますね。このことから八雲琴での大成はかなり後のことと見ることができます」

琴主は、やがて吉士《きし》通郷《みちさと》を名乗るようになる。「吉士」は父方の姓の岸に当てたものだ。自分の姓を変えたいという欲求は、琴主に絶えずつきまとっていたようだ。姓を変えることで、新しい自分に生まれ変わったことを示そうとした。三木氏は語る。

「四十歳までの間、どんな生活振りであったのか。おそらくは、医業を生業としていたと想像されます。書き物の中の自分の名前の上に国手《こくしゅ》（名医＝筆者注）としてありますから。また、武道もよくしたと伝えられます。剣術ではなく、人体の仕組みにも通じる柔術に心得があったようです」

八雲琴と医業と柔術、このあまりにも分野の異なる取り合わせを、どう解釈したらよいのであろう。

十三、公卿中山忠能

琴主にとって、もう一段階、飛躍の時が訪れた。琴主は姓を中山と名乗ることで、その好機を生かそうとしている。中山とは、琴主が知遇を得た公卿中山忠能《ただよし》にあやかってつけたものである。琴主が、五十歳ぐらいの時らしい。

「琴主は、京都で公卿勢力に接近していますねえ。公卿の中でも、琴主を一番引き立ててくれたのは中山忠能でした。忠能の長女慶子は孝明天皇の典侍《ないしのすけ》となり、後に明治天皇となられる皇子祐宮《さちのみや》を産みます。忠能の第五子の忠光は熱烈な勤皇家で、文久三年の大和五条の変で天誅組の中心人物となっており、中山家は公卿切っての勤皇派でした」

琴主の心の中では、勤皇思想に共感した節があったと考えられる。勤皇思想と出雲神道が、八雲琴という神曲の楽器を媒介に融和した。

中山忠能といえば、威信が揺らぎ始めた幕府が皇妹和宮《かずのみや》の御降嫁で公武合体を図り、難局を乗り切らんとした際、朝廷側にあってその実現に尽くした。御降嫁が決定すると、忠能は皇妹御世話掛に任じられている。祐宮が御降誕になると、今度は外祖父として御養育掛を命じられている。こうして忠能は、明治の最頂点にその誕生から深く関った。

忠能が和宮御降嫁に協力したことで、急進的な勤皇派から激しく攻撃され、政治的窮地に立たされた。だが、幕府権力に対して、まだまだ及び腰の朝廷勢力を無難に拡大させるためには、忠能はバランス感覚に優れた実務家であった。

時の大老井伊直弼《なおすけ》は、アメリカの総領事ハリスなど、諸外国の条約締結要求に抗し切れず、勅許を待たずに条約に調印したことから、万延元年（一八六〇）三月、水戸浪士らに桜田門外で殺された。しかし、調印は井伊の専断とはいい切れない。朝廷側では、幕府側から条約の勅許の矢のような催促を受けても、情勢の見極めがつかずに躊躇した。その優柔不断な態度に一番歯ぎしりをしたのは、忠能であった。彼はかねて、国内一体となり、外難に当たることを主張していたから、和宮御降嫁にも賛同せざるを得なかったのであろう。

忠能の息子、忠光は、父や岩倉具視らの煮え切らない態度に業が湧き、文久三年（一八六三）三月、天皇が賀茂神社に行幸し、攘夷を祈願された直後に、長州に走った。同年五月、下関で長州藩沿岸砲台とアメリカ、フランス、オランダ艦隊との間に砲撃戦が生じ、忠光は陣頭で戦っている。その後、京都の長州藩邸に潜伏し、同年八月、志士と謀って大和五条の代官鈴木源内を斬り、天誅組《てんちゅうぐみ》を旗揚げした。武運拙く敗走して長州へ逃れるが、元治元年長州藩内の恭順派の手で暗殺された。

また、琴主と出雲で遊び、友誼を交わした鎌木重胤が同月江戸で殺されている。鈴木は、皇典講究を通じて熱烈な尊皇攘夷思想を抱き、急進的な勤皇攘夷派に大きな影響を与えたことでも、忠光の活動と一脈通じるものがある。重胤の謀殺の真相は不明であるが、二つの見方がある。

一つは、重胤が幕府の内命で廃帝の故事を調べたという流言が飛び、勤皇浪士に殺されたとする説である。もう一つは、学問上の論敵、皮肉にも重胤が崇拝して入門した平田篤胤派との論難、訣別から生じた怨恨殺害説である。

前説も平田派が流した中傷という見方がされる程、平田派と重胤の対立は激しく、重胤暗殺によって平田派は重胤の学説を学界から放逐することに成功した。重胤が佐幕派であったという無実の汚名は維新になっても巷間で噂され、著作の散逸も恐れられた。そのため、門人の西川須賀雄、照井長柄、星川清晃らが重胤著『日本書紀伝』を教部省に名著として建言して納入することで、重胤は正当に評価されるようになった。

いささか余談となるが、重胤の弟子たちと神曲の触れ合いについて寸描しよう。明治九年五月、西川須賀雄は、その頃、出羽三山神社の宮司をしていたが、官幣大社安房神社宮司に転ずることになり、その後任に同じ鈴木重胤門人の星川清晃を推薦した。

星川は月山、出羽、湯殿山各神社の宮司となり、同年十月、奈良の春日神社神職、富田光美を招いて巫子舞を伝授してもらい、三山神社の神楽式とした。

吉備楽創始者の岸本芳秀に倭舞を教授した富田が、出雲の地で中山琴主と遊んだ鈴木重胤の門人と神曲でかかりあうことは、神縁というほかはない。けれども、八雲琴も吉備楽も、出雲大社《いずものおおやしろ》も出羽三山《でわさんざん》も、同じ神の世界であることを思えば、巡り合って不思議はないのかもしれない。

本題に戻るとしよう。

中山忠光の父の忠能は、慶応三年（一八六七）十二月、王政復古の大号令が発せられると、議定となり、明治二年、神祇官知事に就任するなど要職を歴任した。また明治十二年八月、後に大正天皇となられる明宮《はるのみや》が御降誕になると、御養育掛に任じられた。明治天皇から二代にわたって、教育に携わったことになる。

忠能という人物を理解する上で特記しておきたいことは、明治十七年、光格天皇の御生父閑院《かんいん》宮典仁親王《のみやすけひとしんのう》に尊号を追って奉ることを奏上し、慶光天皇と諡《おくりな》されたことである。時代は遡って、忠能の曽祖父中山愛親《なかやまなるちか》のことである。時の光格天皇は、御生父閑院宮典仁親王に太上天皇《だいじょうてんのう》の尊号を奉るため、幕府の許可を求めた。老中松平定信は猜疑にかられ、朝廷の中山愛親ら関係者を江戸に呼び寄せ事情を聴いた。松平定信は尊号を許さないばかりか、愛親らの説明に不行き届きがあったという難ぐせをつけて、愛親に閉門百日を科した。

このようないきさつの曽祖父の悲願を実現した忠能は、忠誠の鑑とされた。

「忠能は琴主の神秘な八雲琴を聴き、身体を診てもらうなどしているうちに、琴主の崇高な精神に敬服し、中山姓を名乗ることを許したのでしょう。忠能の推挙で宮中に上ることのできる加賀之輔弾正大夫《かがのすけだんじょうだゆう》に任官し、『中山加賀之輔弾正大夫吉士通郷』と名乗るようになりました。このように、琴主が公卿の中心勢力に接近できたのも、出雲の後楯があったればこそと思いますね」

中山忠能と中山琴主という、まるで畑違いの二人を結んだのは、出雲の神々に対する崇高な敬神の心に尽きる、と三木氏は語る。

もう一つ、琴主が公卿に近づく足掛かりとなったのは、畏友である鈴木重胤の推挙があったのではないか。重胤はその学才から公卿にも高く評価され、岩倉、花山院《かざんいん》家など有力な公卿と親交がある。花山院邸内の宗像《むなかた》神社に参拝の折、神意を得て国学の道に専念する決意をしたことからも、重胤と公卿の結びつきは並々ならないものがある。そして、そのことは重胤の敬神の精神が神格化した天皇に深く結びついていたことを物語っている。

これに対して、吉備楽の岸本芳秀は生涯に二度、篳篥《ひちりき》の修業のため京へ上るが、大内楽所《おおうちがくそ》の雅楽助《うたのすけ》安倍季良《あべすえはる》を師としたに止まる。安倍は光格天皇の笛の御所作（演奏）にしばしば篳篥を合奏し、従四位上の位を賜った楽界の長老であった。雅楽の殿堂、大内楽所を前に、参内するのに必要な位もない地方の楽人は物の数ではなく、芳秀は宮廷、公卿に近づくことが出来ようもない軽輩の身で、京の生活を過ごしたのである。

だが、琴主が頼みとした中山忠能は維新を迎えると、明治天皇の側近として、薩長閥が固めた日本の〝ロンドン塔〟の中に塗り込められ、在野の琴主を推挙する自由は失われていた。

十四、神伝八雲琴の確立

琴主は、大社の神官加藤昌晨《かとうまさあきら》の次男多利穂《たりほ》を養子に迎えた後、本格的な全国行脚に出かけている。

「二絃琴の創始者として、葛原勾当《くずはらこうとう》の名も挙がりますが、琴主が菊岡検校の印可を受け、出雲の天日隅宮や公卿の支援を得ているところから、葛原はその勢いには伍していけないと思い、創始者の地位を琴主に譲ったのでしょう」

三木氏は、琴主が全国行脚を終わった頃から「中山八雲琴主」と名乗った、とみている。八雲琴創始を世に示すため、京都の深草、霞谷の庵で『八雲琴譜』の編纂に取りかかったのも、この頃であろう。

「『八雲琴譜』をこしらえていたら、目が悪くなって困ったとか、癆咳《ろうがい》のようだ、死ぬではなかろうか、という手紙類も残っております」

という。

手紙は、ある年の二月二十八日、琴主から牛頭天王宮宮司、近藤日向頭益載《こんどうひゅうがのかみますのり》へ宛てたものの一部で、八雲神社が二月七日、お供えの餅、砂糖を送ったのに対する返書である。

小生、去年十月一日より十一月中旬まで、ただの一夜も眠ることができ申さず候。とんと胸中病み肺癆の大病と相成り、十二月末総身腫れ満ち大難儀。しかし、元日より追々快く腫れも引き、死に申さず候。本年も琴譜に取り掛かり、何処へも行くこと叶わず候。

琴主は、最後の力を振り絞って『八雲琴譜』の編纂に取り組んだ。『八雲琴譜』の序に天日隅宮《あめのひすみのみや》の千家尊孫国造《せんげたかひここくそう》ら第一級の人物の名前を連ねたのも、八雲琴創始を宣言する琴主の意気込みを示している。それは又、八雲琴の最大の後援者が天日隅宮の国造を始めとする出雲の神官グループであったことを物語っている。

現在、出雲大社では、八雲琴を弾く者がいないが、音楽家と宗教家の天分を併せ持つ中山琴主を通じて、八雲琴を生み出し、育てたのは、出雲大社の神々の世界といってよい。琴主は、出雲の御師《おし》たちのスターとして全国に飛躍的に足を延ばすことで、自らの八雲琴と出雲の信仰を広めていった。

「琴主は神徳を備えていると、人々から見られていたようです。こんな話が伝わっています。琴主が備後から海路をとって天満浦へ帰ろうとした時のこと、強風のため船頭が船出をためらっていました。すると琴主が、私には青風大明神《あおかぜだいみょうじん》と大田大明神《おおただいみょうじん》がついているから安心して船出しなさい、といいます。恐る恐る船を出してみると、荒れていた海が凪いできたので、琴主先生には神さまが付き従っておられると、船の者たちが畏れ入ったということです。琴主は、八雲琴で自らの魂を磨き、神をお慰めし、そして興国を祈ったのでしょうね」

と、三木氏はみている。

（資料1）

出雲大社竜蛇記

八雲立出雲国杵築乃(の)大社は
大国主大神能(の)御鎮《みしずまり》ます大宮所《おおみやどころ》
爾(に)して昔時《そのかみ》高皇産巣日神《たかみむすびのかみ》
天照皇大御神《あまてらすすめらおおみかみ》　勅《みことの(り)》　里し玉ひて　諸《もろもろの》
皇神等宮所爾参《すめかみたちみやどころにまい》つとひて杵築《きずき》
玉ひ柱は高く太《ふと》く板《いた》は広《ひろ》く厚《あつ》く

作り玉ひて天日隅宮《あめのひすみのみや》といふ御名
も玉はりける大宮爾《に》して天の下に
神乃御社は多《さわ》なれとこれ乃
大御社之《(の)》神代より能御社のよしは
古書爾《(に)》見えたり〇さて大国主
大神と申御名は須佐之男尊《すさのおのみこと》
天の下能顕露事《あらわえごと》越《(を)》 天の下を治め玉ふ御　政事をいふ
ゆ徒《(ず)》り玉ひて葦原《あしはら》乃中津国《なかつくに》
の阿《(あ)》るじ乃神となり玉ふとき
大国主神乃尊号を授《さず》希《(け)》玉ひし也
そ乃《(の)》よしは古事記爾《(に)》見えたり
其後大国主大神顕露事《あらわえごと》を
また皇御孫命《すめみまのみこと》爾《に》ゆづり玉ひて
大神幽冥事《かみごと》を 世の中爾《(に)》くしくあやしく人の上爾
よし阿《(あ)》しの行《おこなわ》れゆく事をはじめ人の 志《(し)》ろし
王《(わ)》ざならぬ目爾みえぬ神の御所為《みしわざ》をいふ
め須《(す)》よしも日本書紀爾《に》委《(くわ)》しされハ

八百万神《やおよろずのかみ》をひきゐて天高市《あめのたけち》爾《に》
参登玉《まいのぼりたま》ひ顕露事《あらわえごと》を譲《ゆず》り
玉ひし趣を天津神爾《に》奏《もう》し
玉へば則天皇命《すめらみこと》能近《ちか》き守神《まもりがみ》
とあがめ玉ふよし日本紀はた
延喜式爾《（に）》見えたりかく幽冥事《かみごと》を
志《（し）》ろしめし八百万神《やおよろずのかみ》をひきゐ
玉ふ大御神爾《に》ませは神代《かみよ》も今も
へだてなく毎年神在月爾《としごとのかみありつきに》は他の国爾
てハ神無月といひ出雲国爾てのみ神在月といふ八百万神《やおよろずのかみ》これ
乃杵築《きずき》爾《に》神集《かむつどい》つどひ玉ひて
万《よろず》のうへ乃幽事《かみごと》を定め玉へる也
世の中能よしあしより男女縁結をもさため
玉ふ爾よりて俗《よ》爾大社を縁むすひの神とも唱まへる也
其時十一日より十七日の間滄海《あおうなばら》を治《し》らす海神《わたのかみ》の
御使《みつかい》とて俗爾《よに》竜蛇《りゅうじゃ》といふ神大社の
なとり成稲佐《いなさ》の小汀《おばま》爾《に》波路《なみじ》王《（わ）》け
つゝ参来《まいき》玉ふ事《こと》能奇妙《くしい》なるハ

誠爾《に》神のみし王《(わ)》ざを顕爾《うつに》うつ
しみる事爾《に》なん〇〇そ乃
こゝ爾参来《まいき》玉ふ竜蛇の神を
まち玉ひとりて大社の大御前爾《おおみまえに》
そなへて則国造神事《みちにくにのみやつこかみごと》を行ハれ
〇〇志かる爾《に》その御姿幾年《みすがたいくとし》
月を経《ふ》れどもとろゝぎみだるゝ
事も那《(な)》くそのまゝにましますす事
ども奇妙《くしい》なる神所為《かみわざ》也
抑竜蛇《そもそもりゅうじゃ》の神ハ　則海神爾《みちにわたつみのかみに》まし
満《(ま)》して水《みず》を治《しり》玉ふ神爾《に》ませハ
雨を祈りはた火乃わざハひ
満《(ま)》まぬかるゝ事をいのる爾《に》
そのしるしなしといふ事
なし〇女ハ　平　産《こうむことのやすき》をいのり
其産子《うましこ》の　寿　命《いのちながきこと》を祈《いの》れハ
かならす冥助《みたすけ》をたれ玉ふ事
古《いにしえ》より言伝《いいつた》はるゝ事爾《に》なん

あなかしこ
大社上官
出雲義清○○

補注　解読不明文字は○で、又筆写者の注は（　）で示した。

（資料2）

八雲神社所蔵

天地をつくるむすびの神ながら
八雲小琴は世に起りける

幸御魂奇たまの神えみ給ひ
家も子孫も代々栄ゆらん

神さぶるもりの松風通ひ来て
益々代々に栄益らん

鶴山と君が齢を二つ絃にかけつつ
祝ふ千重にやちえに

玉矛の道を開くも大神の
みたまのふゆのこもるなるべし

搔ならす八雲小琴に通ふめり
こと弾山の神のまつ風

（資料3）

河端家所蔵

河端に子孫引つれ立遊ぶ鶴ハ千《はち》と背《せ》のよゝ栄ゆらん

鶴山酒千本能《のちもとの》松の枝毎にかけてぞ祈る君がよはひを

神さふる森乃松風通り来て八雲小琴の声ぞすみ介る

万与《よろずよ》茂《も》貴みがとしの緒長かれと琴かきなべて祝日奉らん

大御与の栄を祈りをしへ子とともにかきなす琴はこの琴

此琴は人にきかせず唯神に手向けて御与を安く祈らん

大神に君と民との御栄をふたおにかけて祈り奉らん

大君の御与の御栄え大神に禰きつゝならすや雲玉琴

第七章　天の八重鎌

一、大岸家の八雲琴と鎖鎌

五代宗家、大岸藤琴《おおぎしふじごと》の家族が京都府亀岡市に住んでいることを一色玉琴女史から教えられ、私は亀岡の大岸家を訪ねた。

国鉄亀岡駅の駅頭に立つと、目の前に大本の天恩郷の大きな森が迫っている。交差点に面した商店の前に、大本の出口王仁三郎教祖の著書を宣伝した大きな看板が立てられていた。亀岡は奈良県の天理市、岡山県の金光町と同様に宗教の街である。

古世《こせ》町の閑静な住宅街でタクシーを下りると、大岸家と大本の八雲琴奏者、田中緒琴《たなかおごと》宅がすぐ近くであることに驚かされた。大岸藤琴は昭和三十二年三月三十日に、また現在の田中氏の父である初代田中緒琴は同三十六年三月三十一日に、それぞれ国の無形文化財に指定されている。大岸藤琴と田中緒琴は、別々の継承の流れを汲んでいたのだが、八雲琴の無形文化財指定者が僅か百メートル足らずの距離に二人も住んでいることは、「八雲琴の古世町」という感を深くした。

大岸家を訪問すると、主人の昭氏、章子《あきこ》夫人の出迎えを受けた。日差しが明るく照り返す部屋に通され、早速、取材に入ったが、初対面の緊張感はなかった。両者とも、この取材を通して大

大岸藤琴

岸家の先祖の供養をするという気持ちでいっぱいであったからである。

　大岸藤琴は明治二十年十二月一日生まれで、本名は婦志江《ふしえ》という。子供の頃、東京の大岸元琴《おおぎしもとごと》（本名正常）の養女となる。元琴の跡を継承した妻の玉琴《たまごと》（本名常盤《ときわ》）は、章子夫人の実家森家の出身で、同じ森家出身の藤琴の伯母に当たる。大岸元琴は明治二十年六月三十日、七十七歳で、大岸玉琴は明治三十五年七月二十三日、六十四歳で、それぞれ逝去した。

　藤琴は、章子夫人にとって伯母に当たる。章子夫人は、十八歳の昭和二十八年に大岸家の養女となり、昭和三十年に昭氏と結婚した。

「母のことは、姪に当たる家内の方が詳しいので」

と、昭氏は微笑んだ。

「大岸婦志江は、亀岡の造り酒屋の次男の八木弥市郎と大正八年に結婚し、弥市郎は東京で酒と干物の店を経営しました。太平洋戦争が始まり、亀岡市安町十一番地に疎開してまいりました。当時の番頭さんはその後、独立して店を経営し、現在でも息子さんがそのお店を継いでやっておられるそうです。商店の主婦は大変忙しい生活ですので、八雲琴をいつ、どのように弾いていたのでしょうねえ」

大岸玉琴

章子夫人はこのように語り、母の東京時代の生活をほとんど知らない。

弥市郎、婦志江夫婦には、子供がなかった。そこで婦志江の弟の娘、章子を養女にしたのである。

「私が大岸家へ参りました頃の母は、高血圧症で、気分の優れない日が多かったようです。二階に飾ってあった八雲琴を気が向けばたまに弾いていたようです。第四世の加藤真琴《かとうまこと》先生が亡くなられて、母が第五世を継承することになりまして、大岸藤琴の琴名を名乗りました」

大岸藤琴の芸は、両親の大岸元琴・玉琴と、加藤真琴の指導で磨かれた。両親を失った藤琴は、まだ子供であった。そこで、八雲琴の修業のため、名古屋の加藤真琴のところへ住み込んだ時期があった。ここで、一色輝琴《いっしきてるごと》ときょうだい弟子となる。

一色輝琴は大岸藤琴他界の跡を継いで第六世となった。現在の第七世の一色玉琴の母堂である。加藤真琴は大岸元琴の弟子という以上に、やはり遠縁に当たったのではないか、と、昭、章子夫婦は推測する。

大岸藤琴は音楽学校出身で、作曲もした。しかし、自分で弾く際は、ほとんど譜面を見ることはなかったそうである。

「母は、大きな声を立てるということがありませんでした。私も教えてもらいましたが、一緒にしようという教え方でした。映画が大好きで、近所の映画館へ私もよく連れていってもらいました。出歩くのが好きで、京都へ出かけることも多かったようです。生来、おとなしい性格でしたのか、私に掃除をさせる際も命令してやらせるのではなく、母も手伝って、ともどもにしようという姿勢でした」

弟子一人いない寂しい生活であったが、時々、名古屋から一色輝琴、豊琴（現在の玉琴）が訪ねて来ると、八雲琴の音が響き、華やかになった。

「放送局でお使いになるテープをとるため、近くの郵便局の二階で、母と一色輝琴先生、豊琴先生の三人が合奏しましたことをよく覚えております。家の二階で三人で何回となく練習をしておいででした。演奏が終わりましてから、一色輝琴先生が、八雲琴は神さまにお供えする曲です、とお話されておられました」

昭和三十二年三月末、NHKラジオから八雲琴の録音の申し込みがあり、大岸藤琴はその準備中に脳溢血で倒れた。同月三十日、大岸は名古屋の一色輝琴と共に国の無形文化財に指定されている。昭氏も章子夫人も、そのことをおぼろ気にしか覚えていない。それほど、当時は気持ちに余裕を失っていた。

「母が倒れたのは、三十日頃だと思います。無形文化財の指定を聞いて、びっくりして倒れたのかもしれません。父が指定のお話を聞いていたのかもしれませんが、私どもは母が倒れたことで気が動転していたこともあって、聞き漏らしたようです」

藤琴は約五年間、半身不随の生活を送った後に逝去した。そして、夫の弥市郎も藤琴の後を追うように、約六カ月後の三十七年十月、永眠した。

二、中山琴主の弟妹

大岸家を訪問した後、ほどなくして、大岸昭氏より手紙が届いた。それは、次のようなものである。

先日は当方の先祖のため、御足労をわずらわせ、準備不足で大変失礼致しました。その後、判明しましたことを御連絡致します。

元琴の出生地については不明です。亀岡には本籍がございません。元琴が住んでおりました東京都千代田区に問い合わせましたが、大正三年以前の除籍は焼失して残っていませんでした。

玉琴（常盤）と藤琴（婦志江）の続柄は除籍謄本によって次のとおりです。

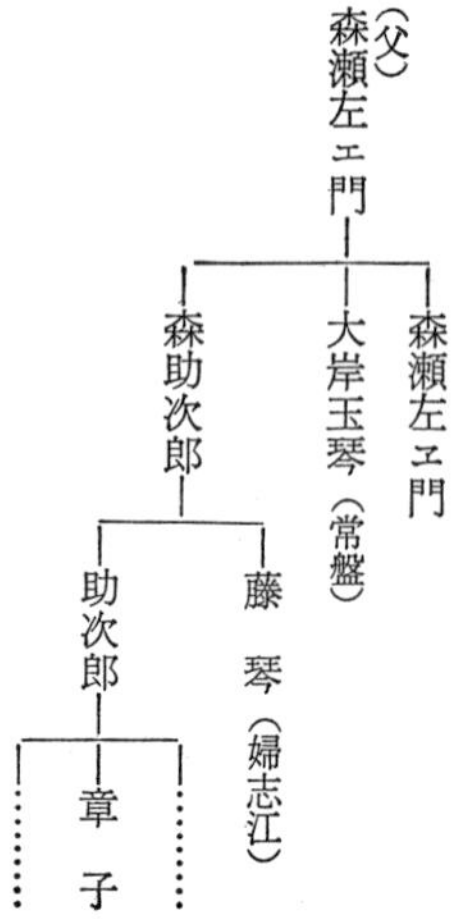

中山琴主と大岸元琴の間柄は兄弟、と手紙にはっきり記されていた。そして、大岸家の過去帳のコピーが同封されていた。

明治七年
桂暁
月光院殿艮入妙祥大姉　　文政八年酉七月岸正常之母加藤弥平妹俗名ヤヱ行年四十二才

そのすぐ左隣に、次のように記されている。

於世キ童女　　文政十二年丑三月
宜　全　　俗名セキ行年十四才岸正常妹

また、一族の戒名を列記した中に、「中山琴主霊神大岸元琴兄」とある。

これで、中山琴主には、正常(元琴)、セキという弟妹がいたことがわかった。この数枚の過去帳のコピーから、姓を大岸と改めた正常が父母、妹の事情に通じていたとみられる。

ここに、もう一個所、大岸家の流れを窺うことのできる記載がある。

八雲琴三代家元
贈中教正大岸玉琴霊神
明治三十五年七月廿三日没
享年六十四才
石碑アリシヲ写ス
兄　森瀬左ヱ門
弟　森助次郎
建立
東京谷中ノ墓地ニアリシヲ昭和三十三年十一月廿四日御骨ヲ掘リ亀岡丸山墓地ニ修メ祭ル
相続人　大岸婦志江
門弟　加藤真琴、加川梅子、大場冨琴

大岸元琴の家筋は常盤夫人の実家、森家の人々によって受け継がれている。

章子夫人が、

「私たち昭、章子夫婦も両養子、藤琴とその夫も両養子でしたが、私どもは二人の男の子に恵まれました。いずれの子も今のところ、八雲琴を弾いてはくれません」

といって、さわやかな笑顔を見せたことを、私はほのぼのとした気持ちで思い浮かべた。

三、天の八重鎌

手紙に同封されていた毛筆の書き付けを知人に頼んで解読してもらうと、こんなことが書かれている。

家伝
不《ふ》爾《ね》駕《かご》ニよわぬ薬
京烏丸通上長者町上ル
無銷軒
大岸正常製

○何事ニよらす物おとろきする事なし

応対事《おうたいごと》引合事《ひきあいごと》ニひけとる事なし
心つよくなる事実妙也
○用様ハすくひとり□□(不明)
二度ニ禰《ね》り合へそ下はり
置ハよわぬ事妙なり

価壱百銅

大岸元琴は、京で薬種商を営んでいたことがわかる。代々医業を引き継いだ岸一門の流れは、分家した子たちにも、医業、薬業に携わることで受け継がれている。

大岸元琴は、どんな人であったのか。出雲大社教を信仰していたこと以外は、大岸家の人々も知らなかった。

大岸家に武器の鎖鎌が残されている。分銅と鎖は失われ、鎌の刃は赤錆びてはいるが、刃、柄は大刀に切りつけられても支えられる頑丈なつくりであるし、刃は鋭利で鎌というよりは刀を感じさせる。大鎌は刃渡り二十七センチ、長さ六十七センチ、柄の端に約五センチの鉄製の突起物がついている。小鎌は刃渡り十六センチ、長さ四十三センチあり、握りにサーベルの手甲受けのような鍔《つば》がついている。

大鎌の柄に「元祖　八雲　大岸流」と彫りつけてある。鎖鎌には大岸流という流派があった。

大岸元琴の鎖鎌

大岸元琴は、その元祖の流れを汲んでいるのだろうか。

大岸家には、天保十四年（一八四三）の柔術の解説書が残されていた。表紙には、左右に神真道流、楊心流、真ん中の部分に大岸楊玄斎、天神真楊流柔術と記されている。

ここで私は、大岸家に残されていた鎖鎌を手掛かりに、何とか武人大岸正常を知りたいと心掛けたが、これ以上の手掛かりはつかむことができなかった。大岸家の好意で、古いアルバムの中から、大岸元琴の写真を見つけることができた。姿は大小をたばさんだ武士である。天満の医者兼農民の子が、なぜ武士になったのか。

生死を賭ける武術と神曲八雲琴の世界は、元琴の心の中で一つに溶け合っていたようだ。

元琴は、八雲琴に対する思いを託して『八雲琴譜』に、大体次のような意味の後書きを寄せている。

大岸元琴

伊弉諾《いざなぎ》伊弉冉尊《いざなみのみこと》の御命で建速須佐《たけはやすさ》之男命《のおのみこと》が地上をご支配される時、国を作り賜うように生大刀、生弓矢、天《あめ》の詔琴《のりごと》の神宝をゆずり受けられた。その三種の神宝を、大国主命と須勢理《すせり》毘売命《びめのみこと》にお授けになられ、大国主命はその 神宝の 霊力の 助けで国造りの大業をなし給われた。

我ら中山大人は幼い頃より武術を好まれ、諸流派の門をたたき、奥儀を極められた。その極意に到達された時、音楽の音階の六律を正しくわきまえないでは五音を美しく響かせることはできず、十二律に詳しくないようなことでは、世の中万事の清濁の判断はできないであろうことや、戦いの場で、ときの声に敵状を見抜き、勝負を見極め、進退を決するはらは、すべて音律の世界を極めることに通じていることがわかった。このため、幾年も竹琴の習練を積み重ねられ、文政の頃、文武、医、沼琴の道の大祖《みおや》となられた。大国主大神にお参りしようと、出雲大社に詣でられ、参籠されました時、大神の御神託として奇《くす》しき音律をお伝え賜り、初めて八雲琴が造られることになった。

私も幼児の頃から武術に励み、あらゆる流派を渉猟して印可を受けたのだが、音律を学ぶ機会はなかった。大神の琴は天の下の大政事《おおまつりごと》を正させ給うということを聞くにつけ、その神琴はどんな霊力を持つのか、知る手掛かりにしたいがため、八雲琴を極めることにした。年数が経るにつれて、音階の微妙な違いを聞き分けることができるようになった。なお、八雲琴を深く習練して、武道と音楽の根元の世界へ至らんと、出雲大社に参籠したのである。幾月日か祈り続けるうちに、天日隅宮御杖代君《あめのひすみのみやみつえしろぎみ》より、大宮の神宝、天の八重鎌の秘伝を授かり賜ったばかりではなく、秘伝の技を八雲大岸流として改めてお許し下されたこと、畏れ多いことである。畏れ多く神聖なる八雲琴とともに、大神の御賜物《たまもの》であると感動したのである。八雲琴と八雲大岸流の二道がとこしえに栄えますようにと、八雲琴の弾奏を神々に捧げ、四《よ》方海《ものうみ》静かなることをお祈り申し上げ、併せて私自身にも長寿を給わらんことを願い奉ったのである。

八雲大岸越智正常

天の八重鎌とは、いかなるものであるのか。出雲大社教の教務部長の加地修一氏に尋ねてみたが、聞いたことがない、との返事であった。

天の八重鎌とは、琴主の青風・大田両神社のように、大岸元琴の心の中に神霊の啓示で出現した観念の鎌であったのかもしれない。それは武芸者元琴の極意となったであろうが、神曲『八雲琴譜』の後書きにそれを記したことをどう解釈すればよいのか。

二絃琴の極致と鎖鎌の極意は、感性によって躍動する全く同じ世界の生き物なのかもしれない。

第八章　竜蛇神と竜宮信仰

一、木庭次守の寄稿

大本教団の木庭次守氏に、八雲神社をその昔訪れた台湾の生源寺勇琴《ゆうきん》について尋ねた。数日を経て、次のような便りが届いた。

生源寺勇風(勇琴とみられる。筆者注)という女性の方が昭和十年まで台湾にて活躍されましたが、大本事件が起こりましたのと、大東亜戦争のために三重県に引き揚げられました。生源寺様は田中緒琴先生よりも時期的には早く修得されていた様であります。

また、信徒で八雲琴を習得した主な方に、岡山出身の中村純也《すみや》氏（出口教祖のお供で奈良の丸山貫長氏を訪問した中村真純が後に改名）の妹の中村まさの様（出口聖師より直子と命名）がおられます。後に大阪に居住されました。

（昭和六十年九月二十四日）

そして、竜蛇社《りゆうじやしや》の取材の参考になれば、と次の論文が寄せられた。

大本開祖と竜宮乙姫

日本タニハ文化研究所代表　木庭　次守

竜蛇神

出雲地方に竜蛇神《りゅうじゃしん》という信仰がある。神在月《かみありづき》の旧十月十日から十七日まで神集いの祭りがあり、この祭りを地元では「御忌《おいみ》さん」という。その頃、日本海は海が荒れるので、「おいみあれ」と称える。このおいみあれで稲佐浜《いなさのはま》に海蛇がうちあげられると、海蛇に出雲大社の「二重《ふたえ》亀甲《きっこう》剣花菱《けんはなびし》」の紋に似た亀甲らしい紋様があるところから、神さまのご先導として、土地の人々が海蛇を出雲大社に献納する。大社では腐らないように保存して、希望する人に竜蛇神のご神体としてご下付される。出雲大社のご祭神ではないが、竜宮信仰の現れと思われる。

「竜宮の神に仕ふる百神の、金と銀との蛇と変じ、あるひは蜈蚣《むかで》と化けかはり、澆季《ぎょうき》末法の世の中を、救ひ助けて神の代を、建てむがために朝夕に、三寒三熱かぎりなき、苦痛を嘗めて世を救ふ、諸善竜神《しょぜんりゅうじん》（注1）の修業場」（出口王仁三郎著『霊界物語』第二十四巻第十章）

竜宮の信仰は田庭《たには》（丹波、丹後、但馬）地方に厳存している。明治三十四年旧六月八日の冠島《おしま》詣の紀行（資料1）の中にある通りである。

日本海では壱岐、対馬は竜宮である。大陸から見れば、日本列島は不老不死の蓬萊島《ほうらいのしま》であった。即ち竜宮島である。秦の始皇帝が除福《じょふく》に命じて、不老不死の薬を求めに来たのも、その心境がわかる気がする。冠島《おしま》（注2）の対岸の新井崎に除福を祀った祠があるが、その説明文中に除福が冠島から薬草を求めたことが記されているのは印象的である。和歌山に除福が上陸したともいわれているが、中国から日本列島に渡るのは、丹後半島の方がふさわしいと考えられる。

竜宮信仰は日本民族の夢だけではなく、アジアを始め世界の民の夢でもあった。目に見える世界を動かす神秘の世界と考えられた。竜宮の使は亀であり、海蛇でもあった。

竜宮信仰

日本人の竜宮信仰は太古から今日まで続いている。神話と伝説の中にも脈々と生きている。神典『古事記』によれば、海幸、山幸の段に、瓊瓊杵尊《ににぎのみこと》と木花咲耶姫命《このはなのさくやびめのみこと》の第三子の、山幸彦といわれた火遠理命《ほおりのみこと》が、海幸彦といわれた兄より鉤を借りて海に失い、十拳剣《とつかつるぎ》を破りて、五百鉤を作りて差し出しても受け取らず、また一千鉤を作りても、兄はもとの鉤を返せといいてゆるさず、火遠理命が困惑して海辺に立ちて泣き給うところへ、塩椎神《しおつちのかみ》来りてその理由を聞き、「我汝命《いましみこと》の為に、善きはかりごとをしてあげましょう」とて、無間勝間《まなしかつま》（注3）の小船を造り、その船に命を乗せて押し出した。「綿津見神《わたつみのかみ》の宮につきましたら、その神の門の傍の井の上に坐《いま》すは、海神の女、見て相議ってくれましょう」と教えた。火遠理命は綿津見神の宮に着き、豊玉姫命《とよたまびめのみこと》に勧められて、姫の父神の大綿津見大神に会い、最高の待遇を受け、豊玉姫命と結婚して三年を経て、兄の鉤を失いし由を語り給うた。海神《わだつみ》は悉くの海の大小の魚を集めて問い給いて、たいの喉にありし鉤を清めて、火遠理命に奉り、塩満《しおみつ》の珠《たま》、塩《しお》乾《ふる》の珠を授け、一尋和邇《わに》に命じて、上つ国（本つ国）へ火遠理命に豊玉姫命をそえて送りまつった。火遠理命は綿津見大神の教え給いしまにまに、鉤を兄に無事に返還された。

人智人力にて解決せぬ難問も、完全に解決する神秘の力をもたらす世界の存在を教えている。豊玉姫命はめでたく日嗣の男子を産みて、綿津見の宮に還り給い、豊玉姫命の妹姫の玉《たま》依姫《よりびめ》は日継の御子を育て給うた。妹姫を弟姫《おとひめ》と称えた。いわゆる竜宮の乙姫である。この神話は日本人の竜宮信仰の源流である。

また『風土記』逸文の丹後国の浦嶼子《うらしまのこ》の玉手箱の伝説も竜宮信仰の一端と見ることが出来る。

ことに海の仕事に従事する人たちの竜宮信仰は、神秘の世界へ対する信仰の現れである。

出雲大社と大本教団

ここで、出雲の竜蛇信仰と大本の竜宮信仰とのつながりを考えるうえで、出雲大社と大本の神々との関係を明確にしたい。

出口なお大本教祖は、明治二十五年元旦から七日間の霊夢を見た時に、綾部の神霊世界に入りて、天照大神、若日呂女神《わかひろめのかみ》、大国主大神、玉依姫神《たまよりびめのかみ》、須勢理姫神《すせりびめのかみ》を親しく拝した。『古事記』によれば、須佐之男命が大穴牟遅神《おおなむちのかみ》に「大国主命」という名を賜った。須佐之男命の娘が須勢理姫命で、大穴牟遅神の妻神である。この霊夢が出雲大社と大本との深いつながりの始まりである。

明治三十四年五月十六日、国常立尊《くにとこたちのみこと》の神示によって、なお教祖と王仁三郎教祖、出口すみ子二代教主始め一行十五名は、はるばる徒歩で出雲大社へ参拝されて、御神火と御前井の清水と社の砂を頂いて綾部に帰り、御神火は百日間埋火《うずみび》（竜形の火鉢の灰の中に埋めて保つ）として役員二人が昼夜保存し、百日目に十五本のロウソクに火を点じて天照大神様へ捧げた。御神水は大本の大島の井戸に注ぎ金明水《きんめいすい》と名づけられ、お砂は神示によりて神域に撒かれた。

この神事によって、出雲の大神様と大本は全く一体のものとなった。また、このことは七日間の霊夢の一部を実現されたことになる。御神火を火縄にとぼして持ち帰る途中、商人ありて壺を買えとしきりに勧めるので、竜の模様入りの壺を求めて綾部へ持ち帰ったが、なお教祖は「これは訳のあることと」と語った。

大本では竜体は神さまの元の姿であり、また眷族の竜神の姿と信じられている。

出雲大社別家の国学者であった湯川貫一氏が、大正から昭和十年まで祭式をもって奉仕され、第二次大本事件に連座されたことも、神縁の実現ということが出来る。

王仁三郎に帰神された神霊は須佐之男命であり、すみ子に神懸かりされた神霊は金勝要神《きんかつかねのかみ》（注4）すなわち須勢理姫命《すせりびめのみこと》であることも、出雲大社との深い神縁である。『古事記』によれば、須佐之男命の姫が須勢理姫命であり、その女婿が大穴牟遅神《おおなむちのかみ》であるから、出雲大社と大本とは奉斎神霊の上からも全く一体のものである。

第二次大本事件解決後、王仁三郎教祖は昭和二十一年五月八日に検挙された島根別院に行き、神苑の十二本の松が揃って生長しているのを見て満足し、検挙された場所のみろく亭跡の実生《みしよう》の松を御神体と定めて祭典を行った。五月十八日に島根地方の信徒を引き連れて出雲大社に参拝したことを見ても、大本との神縁深きがわかる。

ことに大本の教主は、伊弉冉尊、天照大神、稚姫君命《わかひめぎみのみこと》、豊雲野尊《とよくもぬのみこと》、玉依姫命、金勝要神（須勢理姫命）、木花咲耶姫命の七柱の女神にゆかりある神霊が生まれて来て、道統を敬承すると大本の神諭《ふでさき》に示されている程、出雲信仰が含まれている。

大本開祖と竜宮乙姫

大本と竜宮とは、深い関係がある。明治二十五年正月、出口なお教祖に艮《うしとら》の金神《こんじん》（注5）

国常立尊《くにとこたちのみこと》が帰神されて「三千世界一度に開く梅の花艮の金神の世になりたぞよ」と獅子吼されたが、産土の熊野神社にその由を披露すると、たちまち産土の速玉男命《はやたまおのみこと》、事解男命《ことさきおのみこと》は日本全国の神々さまへ伝達された。

第一番に国常立尊ご出現の祝儀で教祖に神懸かりされたのは、竜宮の乙姫（玉依姫命）であった。竜宮の乙姫の神霊は、これより大本に鎮まり、三千世界改造の神業に国常立尊の片腕となって永遠に奉仕することとなった。

大本神諭には、大本の綾部の聖地を「竜門」「竜宮館《りゅうぐうやかた》」「陸《あげ》の竜宮」と示されている。大本の陸の竜宮館に対して、竜宮の乙姫が住む海底を海の竜宮と唱えている。神諭には「竜宮館が地の高天原と定まりたぞよ」と示されている。

なおに竜宮の乙姫が神懸かりされた時には、干天にかかわらず、部屋に潮の香が漂い、障子の紙は湿気あふれて雫が垂れて波形のしみがついていた程である。

なおは「竜宮さまがおいでになると磯臭くてかなわぬ」と漏らしている。

王仁三郎が、大正三年から神示に従って大本神苑内に金竜池と名づけて、地球上の海洋と五大洲の縮図を造りあげた。満水すると、たちまち竜宮の乙姫の神霊は、舞鶴沖の冠島《おしま》と沓《め》島《しま》の中津神岩《なかつかみいわ》と呼ばれる岩を入り口とされた海の竜宮から、大本の陸の竜宮の金竜池へ移り住むこととなった。なおは「金竜池ではない金竜海である」と名づけた。

竜宮の乙姫の眷族の竜神たちは、乙姫神に従い金竜海に鎮まり、神業に参加することとなった。須佐之男命の神霊の下で全地球を守護される金竜、銀竜すべての善竜神も金竜海に鎮まり活動を開始した。

竜宮の乙姫（神名、玉依姫命）は産業・経済・交通の守り神である。地球上の金銀財宝は皆、竜宮の乙姫の守護の下にある。大本の神諭に、世界経済を始め、天候自然現象の予言が出来るのは、これらの神々を守護し、命令するのが、大本大神によるからである。

二、木庭論文を巡って

『霊界物語』は前述のとおり、王仁三郎の霊的体験を叙事的に表出したものである。それは文学作品でもなく、神話でもなく、王仁三郎の霊界を生きた記録である。霊界は霊体という生き物の世界であって、抽象や空想の世界と考えるべきでない。大正十年十月、第一次大本弾圧で、本宮山大神殿が官憲によって破壊される音を耳にしながら口述筆記を開始したといわれている。

第一巻「霊主体従」は高熊山での神霊世界の修行の第一歩から説き起こし、『霊界物語』全巻の精髄が籠められているといわれる。言霊の活用で天界の有様が地球上の現実の出来事に移写している様子を描出した最終の第八十一巻を、昭和九年八月に脱稿している。出版は第一巻が大正十年十月、第八十一巻が昭和九年十二月である。

王仁三郎は、出雲の浜で民衆が信仰する素朴な「おいみあれ」の海蛇信仰を竜神信仰にまで展開し、竜蛇神の姿を捉えてみせた。

木庭次守氏が論述した「竜神信仰」は『霊界物語』の「竜宮の世界」と、王仁三郎の「神学体系」から紡ぎ出されたものである。『霊界物語』に登場するもろもろの人がたは、竜蛇神、即ち竜宮の乙姫に対する信仰の根元に迫るため我々を導く道具立てであり、それらは一つ一つが別々の神格を持つ、いわば無数の神々であり、或いは大本で言われる大元霊、宇宙の根源的な神の分身ともいえよう。

琴主は『八雲琴譜』の中で「八雲立つ大蛇《おろち》」と題し、大蛇を屠る須佐之男命を称え、霊剣を高天原に奉る慶びを八色の雲立ち昇る有様に見て、「千早振〱神の心もすが〱と八雲立出 雲 八重垣妻籠に八重垣つくる其八重垣を」と、命の御歌を織り込み歌っている。

この須佐之男に対する思いも、王仁三郎の神霊の世界では、新たな神話を繰り広げる。出口王仁三郎著『月鏡』の中では、「大黒主《おおくろぬし》と八岐大蛇《やまたのおろち》」の章に表されている。大黒主は常世国《とこよのくに》（死後の世界）の生まれで、地上を攪乱した邪神の巨頭として登場する。

その中で、大黒主は日本を略奪するために夜見が浜の境港から上陸すると、大山に潜むことになる。須佐之男命は大黒主を追って安来港に上陸し、大山で正体を現して八岐大蛇になった大黒主を退治する。

須佐之男命は、命を奉祀する王仁三郎、中山琴主という巨人によって新たな働きをする。須佐之男命が単独で働くというよりは、命が八岐大蛇を葬り去るという儀式によって、八岐大蛇が生身の大蛇を超えた神霊として働き出す。そして、その巨大な神霊大蛇の背に打ちまたがった須佐之男命が、その後の神話を、命を信奉する民衆に現実の出来事、即ち史実と思わせてしまう。

私は、出口王仁三郎、中山琴主という稀代の巨人の裾にすら及ぶべくもないが、須佐之男命を信奉することで竜蛇神と化した大蛇の霊力を偲ぶことができまいか。

中山琴主は、八雲琴に関係する大田大明神、青風大明神を声高々と勧請し、須佐之男命の御歌に籠る神徳をいただかんものと牛頭天王宮《ごずてんのうぐう》を八雲神社と改称した。そして、ほとんど知る人もないほどひっそりと、竜蛇社を祀ったのは、須佐之男命が肥河で八岐大蛇を葬ることによって奇稲田姫を始めとする諸神を神話に登場させ、草薙剣《くさなぎのつるぎ》という国家平定のための神器をもたらす神縁をいただいたように、天満の地に吉祥をもたらす長物の神の到来されんことを祈ったのであろう。

青風・大田両神社、それに竜蛇社を祀ったのは琴主最晩年のことである。王仁三郎の『霊界物語』に触れるにつけ、琴主もまた、八雲琴のゆかりの神々の来臨を賜り、竜蛇神を勧請するまでには、深遠な霊界の漂泊があったと思われる。琴主が天の詔琴の再興といわれる八雲琴を抱え、神霊界の神々と霊感を通わせ、何を聞き、何を見たのか、その片鱗すら推し量ることはできない。

だが、出雲大社、大本で蛇を神の化身として崇めていることや、いずれも八雲琴と深くかかわったことを考えるならば、中山琴主が神々から御神託を受け、八雲琴を軸として幕末から明治にかけ、繰り広げて見せた宗教家、音楽家としての遍歴は、そのまま現身を借りた琴主の『霊界物語』と見えてきてならない。

（資料1）

冠島詣

ボーッと海《うみ》のあなたに黒《くろ》い影《かげ》が月《つき》を遮《さえぎ》つた。舟人《ふなびと》は、

『ア、冠島《おしま》さまが見《み》えました』

と叫《さけ》んだ時《とき》の一同《いちどう》の嬉《うれ》しさは、沖《おき》の鷗《かもめ》のそれならで、飛《と》び立《た》つばかり、竜神《りゅうじん》が天《てん》に昇《のぼ》るの時《とき》を得《え》たる喜《よろこ》びもかくやあらむと思《おも》はれ、得《え》も言《い》はれぬ爽快《そうかい》の念《ねん》にうたれた。

しばらくあつて、東《ひがし》の空《そら》は燦然《さんぜん》として茜《あかね》さし、若狭《わかさ》の山《やま》の上《うえ》より、黄金《おうごん》の玉《たま》をかかげたること

く、天津日《あまつひ》の神《かみ》は豊栄昇《とよさかのぼ》りに輝《かがや》きたまひ、早《はや》くも冠島《おしま》は手《て》に取《と》るばかり、目《め》の前《まえ》に塞《ふさ》がり、囀《さえず》る百鳥《ももどり》の声《こえ》は、百千万《ひゃくせんまん》の楽隊《がくたい》の一斉《いっせい》に楽《がく》を奏《そう》したるかと疑《うたが》はるるばかりであつた。かの昔語《むかしがたり》にとくところの浦島子《うらしまし》が亀《かめ》に乗《の》つて、竜宮《りゅうぐう》に往《ゆ》き、乙姫様《おとひめさま》に玉手箱《たまてばこ》を授《さず》かつて持《も》ち帰《かえ》つたと伝《つた》ふる竜《りゅう》宮島《ぐうじま》も、安部《あべ》の童子丸《どうしまる》がいろいろの神宝《しんぽう》や妙術《みょうじゅつ》を授《さず》けられたといふ竜宮島《りゅうぐうじま》も、また古事記《こじき》などに記載《きさい》せられたる彦火々出見命《ひこほほでみのみこと》が塩土《しおつち》の翁《おきな》に教《おし》へられて、海《うみ》に落《お》ちたる釣針《つりばり》を捜《さが》し出《だ》さむと渡《わた》りましたる海神《わだつみ》の宮《みや》も、みなこの冠島《おしま》なりといひ伝《つた》ふるだけあつて、どこともなく、神仙《しんせん》の境《きょう》に進《すす》み入《い》つたる思ひが浮《う》かんできた。

正像末和讃《しょうぞうまつわさん》にも末法五濁《まつぽうごじょく》の有情《うじょう》の行証叶《ぎょうしょうかな》はぬ時《とき》なれば、釈迦《しゃか》の遺法悉《ゆいほうことごと》く竜宮《りゅうぐう》に入《い》り玉《たま》ひにき。正像末《しょうぞうまつ》の三時《さんじ》には弥陀《みだ》の本願広《ほんがんひろ》まれり、澆季末法《ぎょうきまつぽう》のこの世《よ》には諸善竜宮《しょぜんりゅうぐう》に入《い》り玉《たま》ふ。とあるをみれば、仏教家《ぶつきょうか》もまた非常《ひじょう》に竜宮《りゅうぐう》を有難《ありがた》がつてゐるらしい。かかる目出《めで》たき蓬萊島《ほうらいじま》へ恙《つつが》なく舟《ふね》は着《つ》いた。

翠樹鬱蒼《すいじゅうつそう》たる華表《とりい》の傍《かたわら》、老松特《ろうしょうとく》に秀《ひい》でて雲梯《うんてい》のごとく、幹《みき》のまわり三丈《さんじょう》にも余《あま》る名木《めいぼく》の桑《くわ》の木《き》は、冠島山《おしまやま》の頂《いただき》に立《た》ちそびえ、幾十万《いくじゅうまん》の諸鳥《もろとり》の声《こえ》は、教祖《きょうそ》の一行《いっこう》を歓迎《かんげい》するがごとくに思《おも》はれた。実《じつ》に竜宮《りゅうぐう》の名《な》に負《お》ふ山海明媚《さんかいめいび》、風光絶佳《ふうこうぜっか》の勝地《しょうち》である。

教祖《きょうそ》は上陸早々《じょうりくそうそう》、波打際《なみうちぎわ》に御禊《みそぎ》された。一同《いちどう》もこれに倣《なら》ふて御禊《みそぎ》をなし、神威赫々《しんいかくかく》たる老人島《おいとじま》神社《じんじゃ》の神前《しんぜん》に静《しず》かに進《すす》みて、蹲踞敬拝《そんきょけいはい》し、綾部《あやべ》より調理《ちょうり》し来《き》たれる、山《やま》の物《もの》、川《かわ》の魚《うお》うまし物《もの》くさぐさを献《たてまつ》り、治国平天下安民《ちこくへいてんかあんみん》の祈願《きがん》をこらす、祝詞《のりと》の声《こえ》は九天《きゅうてん》に達《たっ》し、拍手《はくしゅ》の声《こえ》は六合《りくごう》を清《きよ》むる思《おも》ひがあった。これにて先《ま》づ冠島詣《おしまもう》での目的《もくてき》は達《たっ》し、帰路《きろ》は波《なみ》もしづかに、九日《ここのか》の夕方《ゆうがた》、舞鶴《まいづる》港《こう》の大丹生屋《おおにうや》に立《た》ち帰《かえ》り、翌十日《よくとおか》またもや徒歩《とほ》にて、数多《あまた》の信者《しんじや》に迎《むか》へられ、目出《めで》たく綾部本宮《あやべほんぐう》に帰《かえ》ることを得《え》たのである。あゝ惟神霊幸倍坐世《かむながらたまちはえませ》。

（『霊界物語』第三十八巻第十三章「冠島」より）

（注1）竜神を含むすべての正しい神々

（注2）一般にはかんむりじまと読む。冠島に対して沓島《めしま》（くつじま）がある。舞鶴沖の無人の小島。大本では、冠島に竜宮の乙姫さまがいたとされる。沓島は艮の金神（国常立尊）が押しこまれ、おとされた所とされた。出口王仁三郎教祖は明治三十三年旧六月八日冠島に、同年旧七月八日沓島に詣でる。

（注3）固く編んだ竹籠状の舟。

（注4）地球の霊魂。大本神典では、櫛名田姫、須勢理姫と称す。主従、師弟、夫婦等の縁結びの神。

（注5）地上の主宰神。天の月日の神の指図に従うが、やがて国武彦命、国常立尊へと神名が展開する。金光教で天を支配する神が日天四（子）、月天四（子）、地上を支配するのが鬼門の金神であったのが、天地金乃神に統一されていくのに似ている。

第九章　多利穂と琴主

一、出雲・中山家と琴主

私は、琴主の出雲の養子筋、中山学氏に会うことが、八雲琴を尋ねた紀行の最後になるであろうことを、かなり以前から心に決めていた。多忙な中山氏に無理をいい、六十年十月初め、東京の国鉄新宿駅東口の緑の窓口で会う約束をした。二人の出会いは、初対面であるにもかかわらず、一見して中山氏であることがわかった。なぜ、わかったのか。それは、心の中で待ち望むものをもたらしてくれる人は路傍ですれ違ったとしても、注意を魅かれるのと同じようなものである。

中山氏と私は、駅近くのビルの地階にある喫茶店に入った。特別な挨拶を交わす必要がないほどに、二人は打ち解け、話題はただ一つ、中山琴主のことに向けられた。

「私の祖父の多利穂《たりほ》が、出雲で琴主先生の養子となりました。天日隅宮《あめのひすみのみや》の神官加藤昌晨《かとうまさあきら》の次男で、家は代々神官を務め、多利穂も神官でした。私の父貴林《たかしげ》は多利穂の長男です。父は琴主先生の膝の上でだっこをしていただいたことがあると話しておりました。

琴主先生は出雲と京など他地を行ったり来たりしていたようで、私の家には、琴主先生が孝明天皇から賜った扇子や盃が残されています。琴主先生は、出雲大社から神官に準ずる待遇を受けていたようで、天皇を始めとして皇室関係者にお近づきできたのは、天日隅宮と皇室のご縁が深かったことによるものでしょうね」

中山家には、養子多利穂が書いた「始祖《しそ》言行《げんこう》及《および》興家《こうけ》次第録《しだいろく》」が残されている。それによると、琴主は十四歳で京に至り、縫殿寮《ぬいどのりょう》の小森桃塢《こもりとうう》(注1)の門下生となり、加賀介と称している。そして家を一族の者に譲って、阿波国の剣客、三宅平八郎に弟子入りしている。さらに、紀伊国の関口万太郎から関口流の剣術を伝授され、免許皆伝となり、覧之介を名乗っている。また、岸家には子供がいないため、伊予・天満村の加藤万作の次男、善造を養子にして岸家を継がせたと記述している。だが、善造は若死にし、三男の長次が琴主の最期を見取ることになる。

三木筆太郎氏作製の家系図(本書二一三頁参照)には、善造の名前は見られないが、詳らかでないので、中山学氏所蔵の資料に基づいた。

多利穂は、四十歳前に逝去している。後に、残された母と幼い五人のきょうだいを、貴林は支えなければならなかった。

「父、貴林は松江中学でラフカディオ・ハーンに教えてもらうなど恵まれた環境にいましたが、父の死で神戸や横浜に出て、夜学に通いながら英語を勉強しました。そして、スタンダードという横浜にある外国系資本の石油会社へ就職しましたので、代々務めてきた神官は多利穂で終わりました。父はスタンダードの渉外部長などを経て年金生活に入り、川崎で亡くなりました。琴主先生の御霊は川崎にある中山家のお墓に、多利穂、貴林などの御先祖とともにお納めしていますが、琴主先生を供養する時は神式で行います」

琴主は、最晩年、伊予の天満村で加藤長次を養子に迎えている。既に、出雲で多利穂を養子にしながら、二重に養子取りをしなければならなくなった事情は何であろうか。

ともあれ、神器、八雲琴を生み出した母胎である出雲で、琴主は養子多利穂とともに、どのように過ごしたか。多利穂が残した記録から、当時の生活を通して追ってみたい。

二、維新期の神官、中山多利穂の記録

多利穂は、幼名を仲之介と称した。仲之介は、琴主に養子入りした文久二年（一八六二）八月六日をもって、天日隅宮《あめのひすみのみや》の近習《きんじゅ》に取り立てられている。

これは、養父の弾正大夫琴主が出雲大神に忠誠で、近年肥後国にその御神徳を広めた勤功に報いてのこと、と記されている。琴主が八雲琴を弾奏しながら各地を遍歴して、出雲の神々を宣教したことを窺わせる一文であろう。

そして、翌月、父命(琴主)によって、名前を仲之介から太利穂に改めている。次いでこの名前の「太」という字を多に改め、多利穂にしている。「太ハ濁音ナレハ也」という添え書きがされている。当時は、「太」を「ダ」と読ませる習慣があったようである。

多利穂の実家の格式の高さを示す書類が残されている。

明治三年伊予国大洲藩知事加藤恭秋殿妹千家杖代彦尊福公ノ側室ニ入輿実兄康之進加藤昌純君其媒介ナルヲ以左ノ恩命アリ

定

中山多利穂

壱人扶持

多利穂の実兄、加藤康之進昌純が、第八十代国造千家尊福《たかとみ》の婚姻を取り持った功績で、琴主の養子になった多利穂も恩賜にあずかっている。当時のトップ官僚、藩知事の妹の入輿に出雲大社側を代表して関ったことが推測される。

維新の波は、天日隅宮にも押し寄せた。国が神官の身分を改めて定めることになり、明治五年一月二十七日、出雲大社元準禰宜《じゅんねぎ》、中山多利穂は「世襲之官ヲ廃セラル」の通知を受け取ることになる。多利穂は改めて同年十一月、島根県庶務課より国幣中社熊野神社権禰宜《こくへいちゅうしゃくまのじんじゃごんねぎ》に任命されている。月給は七円であった。明治六年一月、教導職試補兼務を拝命する。西部教導職管長は、出雲国造でもある大教正千家尊福《せんげたかとみ》であった。

多利穂は明治七年二月、杵築村市場の岡垣五郎兵衛常義の三女、止美《とみ》と結婚する。明治七年六月、熊野神社境内に仮小教院が開設され、多利穂は仮小教院庶務主任に任ぜられている。これは出雲大社に中教院が設置されたことに伴う措置で、同月教導職に昇格している。

新婚間もない明治八年三月、多利穂の生活の基盤を揺るがすような出来事があった。

熊野神社境内に設けられた仮小教院設置については、同神社の中村守手宮司より千家大教正に請願して実現したものであったが、これを正式設置するにあたって、同神社のある熊野村が僻地であったため、果たして適地かどうかの議論となった。中村宮司が同社のためになると設置を主張したのに対して、大野恭権宮司は教職に専務して教義を布教することこそ第一義として、教院の設置に反対し、紛糾した。この時、多利穂は中村宮司に賛同したため立場が悪くなり、明治八年三月十日、依願免職となる。

この出来事は、国の宗教施策を教院を通して行うことに賛同した若手宮司たちと、政府の管理下に置かれることを嫌い、神道の独立を守ろうとした出雲大社上層部との対立を垣間見ることができるのではないか。出雲大社では後に、千家尊福が大社とは別に、出雲大社講を結成して、国の管理下から離れ、独自の布教をすることになる。

苦しみの最中の明治八年九月十六日、長男貴林が誕生する。失業した多利穂は、副戸長山根十兵衛の紹介で月給一円五十銭で学校手伝いに就職している。

一方、実兄の加藤昌純は、明治十年から教部省の通達で神札の配布が廃止となったため、大社教院の教会係として伊予での活動が支え切れなくなった。その負債を補うために伊予国喜多郡、宇和郡を奔走して義捐金を募っている。この功を賞して、国造から恩賜金を賜っている。激動する時代の中で、出雲大社の神官たちの苦闘が窺える。

大社に対する実父の貢献もあって、多利穂は明治十三年二月、月給三円で再び大社に御奉仕することになる。熊野神社の紛糾で神官の生活を離れてから、五年振りの復帰であった。この間が、多利穂一家にとって一番苦しい時代であり、琴主が伊予の天満村に引き揚げたのもこの時期とみられる。琴主を盛り立ててくれた国造尊孫を始め、多くの知己はこの世を去り、維新の波に翻弄される出雲には、もはや琴主を遇する余裕はなかった。琴主とて、人生の終焉を迎えるため、静かな生まれ故郷を望んだのかもしれない。

千家尊福国造は、神祇省大教院の最高の地位の大教正も兼ねていたが、明治十三年田中頼庸神宮大宮司ら神道事務局側との間に祭神論争が生じる。神道事務局側が造化三神と天照大神を奉斎神としたのに対して、千家が出雲大社の大国主大神の合祀を主張したことに端を発したものだが、単なる祭神論争ではなく、千家の神道国家統制に対する疑義の表明であった。
次の記録は、当時の出雲大社の社務所内の様子をよく伝えている。

同年神道事務局会議アリ千家大教正上東京付テハ事務局神殿江大国主大神表名合祀ノ議提出大教正田中頼庸等ト議合ハス有志ヲ募リ其筋江〇議アラントス予輩素ヨリ同意協力セント欲ス偶〇郡支局ニ部内教職ノ会議在依テ左之通伺出ス

神門郡東神道事務支局出局願

私儀

神門郡東神道事務支局ヨリ合議之件有之候間明六日出局候様同局ヨリ通知有之候ニ付明六日一日間出願御免被仰付度奉願候也

明治十三年七月五日

常雇教導職試補

中山多利穂

社務所御中

そして同日、合祀問題の会議出席のため、別紙で秋鹿郡神道事務支局への出張許可も願い出ている。その後、何の音沙汰もないので、社務所に問い合わせると、出雲大社教院から「出張については本院に通知がなく、会議は既に済んでしまっているので、出張には及ばない」という返事が一ヵ月半もたってから届けられている。

千家尊福は、各神道事務支局へ書面で合祀問題をアピールしたようで、出雲大社の社務所と教院の間でこの問題の処理をめぐり、かなり混乱していたことが推察される。今市支局では、合祀賛同者が過半数を占めたと記されているところから、神道事務局内部でも千家派と神道事務局派に分かれて、議論が白熱化した模様である。

多利穂は、大教正滞京費用にと、給与の奉還を願い出るが入れられず、代わりに一円五十銭を献金している。実に熱烈な信奉振りで、維新の激変期に信仰に向けて命を燃焼し尽くすように生きた出雲神官たちの姿を彷彿とさせる。

明治十三年十月十二日、多利穂は同年九月十八日に琴主が帰幽したことを大社に届け、喪に服した。十一月十七日、多利穂は分家をするために、田三反八畝十二歩、居宅と敷地、日用道具などを琴主の遺言に従って譲り渡している。分家とは、伊予の天満村で養子となった旧姓加藤長次に外ならない。

奇しくも同じ加藤姓、そして伊予での加藤昌純の活躍、伊予と出雲の強い結びつきを考えると、琴主の実像の散りぢりとなった破片が、謎を秘めたまま、一つの模様を描いてくるように思われる。恐らくそれは、読者諸氏一人ひとりの思い描くままの模様となってよいはずだ。

三、琴主への祈り

中山氏は、一言一言を噛みしめるように語る。

「祖父多利穂は八雲琴を弾いたでしょうが、父貴林は全く触れませんでしたし、家族に語ることもありませんでした。会社勤めを辞めてからは、名古屋の一色輝琴先生と、現在玉琴を名乗っておいでの娘、豊琴さんとおつきあいをさせていただき、お二人とも私の家へお泊まりになったこともあります。

ご先祖に八雲琴の創案者がいるということから、八雲琴をもっと深く勉強しなくては、という気持ちがあったようです。八雲琴を後継する人の奉納演奏には、出来るだけ出席したようです。私も子供でありながら離れていることは申し訳ないと思っております。老後、暇になりましたら、一色先生から八雲琴を習ってみたいと思っております。

一色先生が、八雲琴の心としてよくおっしゃられることですが、一般の人が興ずるというのではなく、神にお捧げするという考えに、私も賛成です。世の中に流行しなくても、琴主の精神を

中山琴主の墓

後代に伝えたいものです。神に感謝し、敬う心を奉納する、そういう気持ちを前提にしてやってみるべきです。

神道に対する信仰が篤い時代に、八雲琴は盛んになりましたが、現代ではどうでしょう。神社に対して、特に若い人たちは無関心ですね。神主さんは、地鎮祭か結婚式にしか、用がないというふうになっています。昔は、鎮守の森があって、お社に手を合わせるという信心が子供たちにもありましたが、現代は敬神思想が失われています。

八雲琴を神に向かってのみ弾いたのも、神道が盛んだった時代ならばこそ出来たことで、現代では難しいでしょうね。しかし、神官の精神の昇華は昔も今も変わりません。純粋な敬神の生活が出来ない現代にも、八雲琴の心は思想として流れています」

長い年月、中山氏が抱いてきた先祖に対する感慨であった。

私も八雲琴に触れてみたい気持ちにかられた。神の調べをほんの一節でも爪弾いてみることで、琴主の心の片鱗を感得出来ないか。私が求める境地は神に感謝する一心に外ならない。無心に八雲琴を弾き、聴く、寂とした時空に身を任せたい。心を清楚にして和らぎ、私を呪縛している諸々の欲望、感情のしこりから解き放たれたならば、幽玄で清朗な世界が開けてきそうな気がした。禅、茶道、華道が私に応分の真理を開示してくれるように、八雲琴は神威を気づかせてくれ、雄々しく生き抜く手掛かりを与えてくれることであろう。

外へ出ると、巨大な国鉄新宿駅のビルを背景に、中山氏の写真を撮らせていただいた。シャッターの音を耳にした時、私は大東京のビルの谷間で八雲琴の心を熱く抱く不思議と、一人旅を温かく迎えてくれた多くの未知だった人々との邂逅が、かけがえのないものであることに気づいた。感慨ともいうべきその思いは、海原のたゆとう波が漣《さざなみ》となって浜を洗うように、私の心を永遠に清めてくれることだろう。

（注1）医家。オランダ医シーボルトと親交があり、天皇の衣服や賞賜の衣を裁縫するなどする縫殿寮従五位下、信濃守に任ぜられた。

あとがき

一生をかけて神を敬い続けた中山琴主の精神は、極めて少ない八雲琴の伝承者の努力によって、その幽玄な響きとともに伝えられてきた。私は八雲琴の心を知るにつけ、忘れ去っていたもの、いにしえの日本の神々のおおらかな世界を生活に蘇らせることが出来ないものかと念じ続けた。それは、日本の神々とは何かという問いでもあった。

科学と合理的思考で動いているかに見える現代に、神々はその姿を神話という舞台で披露した。ポジとネガ、天照大神から瓊瓊杵尊《ににぎのみこと》という系譜の神々が支配する現世と、須佐之男命から大国主大神という系譜の神々が支配する幽世の融合こそ、弥栄《いやさか》の神の世を現出させ、青人草《あおひとくさ》の幸せをもたらすことが出来ることを物語ってみせた。

神学らしい神学を持たない日本の神々は、素朴な自然神である。論理の世界の神ではなく、豊作、豊漁と安全を祈る素裸の神である。それだからこそ、祓い、祈る術しか持たない民衆の夢を高らかと天と地に謳い上げ、人間群像の投影を思わせる素顔をさらすことで、民衆の生活の中に降臨出来た。神々の苦悩と歓喜が創始の人の姿をとって表されたことで、神は人の世界に生き、人は神影を生活に投影して神人融合の世界、桃源境を生きることが出来るようになったといえはしまいか。

日本人は生活者の一行動を神聖なものに昇華し、生活者を神格化していく宗教観をいつごろから持つようになった。命のすべてをかけ、神々との一体化を志向する心の働きは、ある時には武士道となり、天皇への忠誠となり、研ぎ澄まされた審美観となって現れた。だが、その奥底にあるものは、絶えず己のごく至近距離に坐す裸の神々への畏敬と憧憬であった。

日本の神々は、我々日本人を心の底で絶えず突き動かし、私も日本人の一人として心のふるさとへ立ち返るごとく、この日本精神の源ともいえる神々を希求してきた。中山琴主はその精神を宗教音楽として結晶し得たといえるだろう。これからも、八雲琴は私たちを神々へ誘い、それぞれの生きる道を指し示してくれることだろう。

取材に協力していただいた方々の祈りが込められたこの書を、謹んで神にお供えする。東方出版編集部の板倉敬則氏、藤木小夜子氏には数々のご指導をいただき、上梓にこぎつけることができた。ご神縁によるものと、感謝の祈りを捧げる次第である。

最後に、中山琴主先生と神伝八雲琴に、拙作の讃歌を供えて結びとしたい。

神の小琴

琴引山の松枝に、吹くは神世の送り風
そのさわ音に目を閉じて　思うは御世
の健やかさ　青人草《あおひとくさ》の幸せを　雲立ち
昇るその空に　祈りかけたる歌ことば
そばに立ちたる竹を借り　天《あめ》と地《つち》とを
表せる　二絃の琴に託さんか　この常《とこ》
しえの御栄に　尊き生命《いのち》の証《あかし》をば　男子《おのこ》
女子《おみな》の綾取《あやと》りを　曲に乗せたる祀《まつ》りご
と　そは中山琴主先生の　神伝八雲の
琴のさえ　神《かみ》の小琴《おこと》の響きぞと　鳴尾
の浜の磯千鳥　朝《あした》の空を鳴き渡る

昭和六十年十一月十一日　鳴尾浜にて

窪田英樹

取材協力団体・協力者

出雲大社、出雲大社教、大本教、春日大社、黒住教、金光教を始めとする本書に記載する団体・個人名を省き、次の団体・各氏。

〔協力団体〕

愛知県庁、名古屋市中村区役所、島根県大社町役場、岡山県文化センター郷土資料室、金光図書館、金光教教学研究所、熱田神宮、天理教

〔協力者〕

吉備舞師匠 塩田豊子、金光教山崎教会長 明渡真幸、金光教教師 宮前力、願泉寺 小野功龍、国神社宮司 大守麟児 朝日新聞大阪本社校閲部 門田耕作、同中村高志、人の和を考える和泉会会長 井上紘子、被昇天短期大学英語科学生 井上晶子、大阪芸術大学講師 橘由美子、中外日報社 松本英昭、日本乗車券印刷株式会社社長 細川克彦、黒住教大阪大教会所 林秀樹

（敬称略　順不同）

参考文献

山本震琴著『八雲琴・楽譜と詳解』上・下巻（雄山閣）、中山琴主編著『八雲琴譜』（明治板）、翻刻復製『八雲琴譜』（アボック社）、出口なお著『大本神諭』（天声社）、大本七十年史編纂会編『大本七十年史』上・下巻（宗教法人大本）、小笠原春夫著『神道信仰の系譜』（ぺりかん社）、出口栄二著『大本教事件』（三一書房）、河野省三著『神祇史提要』（明世堂）、津田敬武著『祭政一致の本義』（京文社）、星川清民著『鈴木重胤伝』（言霊書房）、島根県教育会編『出雲風土記註解』（六盟館）、千家尊福著『出雲大神』（大社教本院）、千家尊統著『出雲大社』（学生社）、出雲大社編『出雲大社由緒略記』（出雲大社）、大本教学研鑚所編『大本のおしえ』（天声社）、河本正二著『黒住教要訓』（神人社）、田中義能著『黒住教の研究』（東京堂書店）、金光教教典（金光教本部教庁）、村上重良著『金光大神の生涯』（講談社）、国学院大学顕彰塾編・刊『青戸波江先生遺詠』、葛原凾著『葛原勾当日記』（博文館）

窪田　英樹（くぼた　ひでき）

昭和 15(1940) 年 8 月 2 日、北海道に生まれる。

昭和 41(1966) 年 3 月早稲田大学第一文学部哲学科西洋哲学専修卒業。

元朝日新聞大阪本社記者。

日本児童文芸家協会会員。宗教評論誌『和賀心』編集人。

著書に『丹後のおんな』（創樹社）、『山の物語』『神の国の使者』『神と人と — 金光大神の歩み 』（三交社）、『神のしらべ — 吉備楽始祖 、岸本芳秀伝』（和賀心会）など。

八雲琴の調べ　神話とその心【新装版】

1986 年 4 月 25 日　初版第 1 刷発行
2018 年 8 月 20 日　新装版第 1 刷発行

著　者　窪　田　英　樹
発行者　稲　川　博　久
発行所　東方出版（株）
〒543-0062 大阪市天王寺区逢阪 2-3-2
TEL06-6779-9571　FAX06-6779-9573
装　幀　森　本　良　成
印刷所　亜細亜印刷（株）

落丁・乱丁本はおとりかえいたします。　ISBN978-4-86249-340-8